劳动力流动
对城市产业升级的影响研究

曹芳芳　著

中国农业科学技术出版社

图书在版编目(CIP)数据

劳动力流动对城市产业升级的影响研究 / 曹芳芳著. --北京：中国农业科学技术出版社，2023.12

ISBN 978-7-5116-6669-7

Ⅰ.①劳… Ⅱ.①曹… Ⅲ.①劳动力流动-影响-城市经济-产业结构升级-研究-中国 Ⅳ.①F299.2

中国国家版本馆 CIP 数据核字（2023）第 256457 号

责任编辑	李 娜 朱 绯
责任校对	马广洋
责任印制	姜义伟 王思文

出 版 者	中国农业科学技术出版社 北京市中关村南大街 12 号　　邮编：100081
电　　话	（010）62111246（编辑室）　（010）82106624（发行部） （010）82109709（读者服务部）
网　　址	https://castp.caas.cn
经 销 者	各地新华书店
印 刷 者	北京建宏印刷有限公司
开　　本	170 mm×240 mm　1/16
印　　张	11
字　　数	200 千字
版　　次	2023 年 12 月第 1 版　2023 年 12 月第 1 次印刷
定　　价	60.00 元

◀━━ 版权所有·翻印必究 ━━▶

前　言

　　当前，我国正处在从城乡二元经济结构向城乡一体化发展阶段迈进的历史转折点上，劳动力流动成为城镇化过程中出现的社会普遍现象，迁移劳动力已经成为城镇劳动力市场的重要组成部分，也是城镇新增劳动力的主要来源。然而，大规模劳动力的进入会对城市产业升级和经济发展产生什么样的影响呢？已有研究却不甚清楚。在当前中国经济向高质量发展转型的背景下，对流动人口价值的认识和定位会直接关系到城镇化和市民化的进程，深入探讨劳动力流动对产业升级的影响及作用机制有着重要的经济和政策意义。因此，本研究以此为出发点，将产业结构升级、经济效率和劳动生产率纳入到产业升级的统一分析框架中，在分析中国劳动力流动和城市产业升级演变特征的基础上，从以下几个方面回答以上问题：第一，劳动力流动对城市劳动力市场的影响；第二，劳动力流动对城市产业结构升级产生的影响及作用机制；第三，劳动力流动对城市全要素生产率的影响及作用机制；第四，劳动力流动对整体经济的劳动生产率产生的影响及作用机制。

　　本书共分为9章。第1章为导论，第2章为研究的理论基础和文献综述，第3章分析了中国劳动力流动的演变及其特征，第4章为劳动力流动对城市劳动力市场的影响，第5章为中国城市的产业升级及其特征，第6章为劳动力流动对城市产业结构升级的影响，第7章为劳动力流动对城市全要素生产率的影响，第8章为劳动力流动对城市劳动生产率的影响，第9章为结论与展望。

　　本书利用1990年、2000年和2010年人口普查微观数据、2005年和2015年1%人口抽样调查数据以及《中国城市统计年鉴》数据，构建了一套中国城市流动人口与社会经济数据库，从城市市辖区层面探究劳动力流动对产业升级的影响，并从人力资本集聚效应角度探讨其作用机制，在采用工具变量法克服劳动力流动和被解释经济变量的内生性后，得到了具有一致性的结论。第一，劳动力流动对城市劳动力市场总体上呈现积极影响，且劳动力流动对城市劳动力市场的工资效应大于就业效应。第二，劳动力流动对产业结构升级存在显著的积极影响，其通过本地市场效应和改变地区的人力资本积累程度促进产业结构升级。第三，劳动力流动通过提高城市的集聚水平、知识和创新的外部性以及提高本地专业化分工等作用机制对城市全要素生产率产生了积极影响。第四，劳动力流动对城市劳动生产率具有显著的积极影响，相对人力资本和本地市场效应促进了劳动生产率的提高。

本研究的主要贡献体现在：首先，研究将产业结构升级、全要素生产率和劳动生产率提升纳入产业升级的统一分析框架中，进一步从经济效率角度研究了劳动力流动对城市产业升级的影响。其次，利用统一口径的跨时期全国代表性数据纠正了城市人口与劳动力指标统计口径不一致的问题，得到了更加准确和可靠的估计结果。再次，尝试利用工具变量法克服劳动力流动和产业升级的内生性问题，得到了具有一致性的研究结论。最后，本研究呈现1990—2015年不同资源类型、不同地区和不同时期劳动力流动对城市产业升级的影响，从人力资本集聚效应角度探讨了其作用机制，为城市管理者制定流动人口政策和如何推进市民化进程提供了理论基础和经验证据。

在本书撰写过程中，研究参考了大量的文献资料。然而，针对劳动力流动对产业升级的影响，本研究还存在以下不足：第一，受限于数据的可获得性，本研究中2010年和2015年部分劳动力数据的统计口径属于"市区"范围而非"市辖区范围"，在一定程度上影响了本书估计结果的精确性；第二，由于数据的限制，并未考虑迁移劳动力内部和不同规模城市的异质性对城市产业升级影响的差异性，而这需要进一步讨论和挖掘；第三，本研究尽管在第3章讨论了劳动力流动产业发展的相关背景，但是实际研究中却由于缺乏可以准确捕捉政策影响的相关量化指标，缺乏对政策影响的评估，这是后续研究需要关注的地方；第四，本书采用了工具变量解决劳动力流动和被解释变量之间的内生性问题，但受限于更好工具变量的不可得，本书基本上都是选用滞后一期的劳动力流动数据和城市到交通枢纽的铁路距离作为劳动力流动的工具变量。虽然这种构造工具变量的做法在已有的研究中有所体现，但其是否很好地满足了外生性条件，仍值得进一步探讨。另外，受限于数据可获得性，本研究尚未得到2020年人口普查的最新数据，研究时效性略有滞后。但由于本研究着眼于最近30年来劳动力流动对城市产业经济结构的影响内在机制的探索，并不影响结论的正确性。后续如有机会，会进一步利用最新数据进行补充验证。

目　　录

第1章　导论 ·· 1
  1.1　研究背景与意义 ··· 1
  1.2　研究目标和内容 ··· 4
  1.3　研究方法、数据和技术路线 ··· 6
  1.4　创新与不足 ··· 10

第2章　理论基础和文献综述 ·· 13
  2.1　产业升级的相关理论 ··· 13
  2.2　劳动力流动、人力资本集聚和产业升级 ························ 20
  2.3　国内外相关研究与文献评述 ··· 22
  2.4　劳动力流动对产业升级的作用机制 ······························· 31

第3章　中国劳动力流动的演变及其特征 ································ 33
  3.1　中国劳动力流动的政策背景和阶段性特征 ····················· 33
  3.2　中国流动人口的结构特征 ·· 37
  3.3　中国城市劳动力流动的结构特征 ·································· 43
  3.4　本章小结 ·· 51

第4章　劳动力流动对城市劳动力市场的影响 ·························· 53
  4.1　引言 ··· 53
  4.2　理论分析与实证策略 ··· 54
  4.3　数据来源和描述性统计 ··· 56
  4.4　劳动力流动对城市劳动力市场的实证结果分析 ··············· 60
  4.5　不同分类标准下劳动力流动对城市劳动力市场的影响 ····· 66
  4.6　本章小结 ·· 70

第5章　中国城市的产业升级及其特征 ··································· 73
  5.1　中国产业升级的政策背景和阶段性特征 ························ 73

5.2 中国城市产业升级的结构特征 …………………………… 78
5.3 本章小结 …………………………………………………… 89

第6章 劳动力流动对城市产业结构升级的影响 ……………… 92
6.1 引言 ………………………………………………………… 92
6.2 理论分析框架 ……………………………………………… 94
6.3 模型设定与描述性统计 …………………………………… 96
6.4 劳动力流动对产业结构升级的影响分析 ……………… 100
6.5 作用机制讨论 …………………………………………… 106
6.6 本章小结 ………………………………………………… 109

第7章 劳动力流动对城市全要素生产率的影响 …………… 111
7.1 引言 ……………………………………………………… 111
7.2 计量模型设定描述性统计 ……………………………… 113
7.3 劳动力流动对TFP影响的实证结果分析 ……………… 119
7.4 劳动力流动对TFP影响机制的探讨 …………………… 126
7.5 本章小结 ………………………………………………… 129

第8章 劳动力流动对城市劳动生产率的影响 ……………… 130
8.1 引言 ……………………………………………………… 130
8.2 理论框架与模型设定 …………………………………… 131
8.3 描述性统计 ……………………………………………… 133
8.4 劳动力流动对城市劳动生产率影响的实证结果分析 … 135
8.5 本章小结 ………………………………………………… 141

第9章 结论与展望 ……………………………………………… 143
9.1 主要研究结论 …………………………………………… 143
9.2 政策启示 ………………………………………………… 147
9.3 研究不足与展望 ………………………………………… 149

参考文献 ………………………………………………………… 150

第 1 章 导论

1.1 研究背景与意义

1.1.1 研究背景

改革开放四十多年来,我国经济市场化的程度逐步提高,限制劳动力要素流动的障碍逐渐拆除,区域间的劳动力流动已经成为常态。根据中国国家卫生健康委员会(原卫计委)发布的《中国流动人口发展报告2018》,中国流动人口规模从1982年的657万人扩大到2017年的2.45亿人,其占城镇就业人口的比例也从6.6%上涨到58.5%。流动人口已经成为城镇劳动力市场的重要组成部分,并逐渐成为新增劳动力的主要来源。与此同时,农村劳动力向城镇迁移为中国经济的增长提供了关键支撑。在二元经济时代,中国依靠人口结构和数量优势,发挥劳动密集型产业的竞争优势,在全球产业分工中占据了世界制造业工厂的地位。流动人口从边际生产率较低的农业部门转向非农部门,带来了配置效率的改善,提升了全要素生产率,中国经济的持续增长正得益于此[1]。

但从现实出发,流动人口对于中国经济发展的含义和角色正在发生变化。中国发展阶段已经从城乡二元经济结构向城乡一体化经济转变,随着老龄化和劳动总量供给的下降,依靠传统要素投入增长的发展模式已经难以为继,经济增长方式也从要素驱动型向全要素生产率驱动型转变[2]。早在2000年,中国65周岁及以上老人数量占总人口的比例就已经达到了7.0%,步入老龄化社会,之后一直处于持续上升态势,截至2016年年底,该比例已经高达10.8%;另外,中国15~64周岁的人口数量从2013年之后就呈现下降趋势,这意味着,在当前中国向高收入国家转型的关键时刻,不仅面临着"未富先老"的困境,而且必须应对劳动力总量下降以及由此所带来的劳动力成本上升和资本报酬递减对经济增长的负面影响。由此可见,随着中国人口年龄结构迅速老化,劳动力成本上升，"人口红利"逐渐丧失，依靠传统要素投入的经济发展模式需要进行转换。

为了延续经济的全球竞争力和持续增长，中国经济必须进行产业结构的升级优化。产业升级的本质在于劳动生产率的提升，尤其是来源于TFP推动的劳动生产率增长，这也是发展中国家跨越"中等收入陷阱"的主要动力[3]。因此中国经济增长必须转向全要素生产率驱动型[2]59，由此所对应的也就是产业的转型升级和生产效率提升。然而，已有研究主要关注劳动力流动在二元经济时代对经济的贡献[1]5,[4]，缺乏分析当前经济转型背景下劳动力流动对中国产业升级和经济效率影响的研究。另外，得益于政府对教育的大力投入，迁移劳动力的人力资本改善速度较快，不同于二元经济时代，中国现有的迁移劳动力已经呈现出新的人力资本特征。尽管迁移对经济的劳动力配置作用在逐渐下降[5]，但呈现新人力资本特征的迁移劳动力对产业升级和经济转型的影响及作用机制是否已经发生了变化，已有研究尚无满意的回答。

劳动力作为劳动这一重要生产要素的载体和需求主体，其流动和供给的变动无疑会改变地区原有人力资本结构和需求分布，导致人力资本和需求在空间和地区的重新配置，直接影响到产业结构转型升级的步伐。劳动力流动对地区的产业升级存在怎样的影响呢？已有研究尚未有定论。在劳动力无限供给的背景下，劳动力流动提高了中国经济的配置效率，但随着人口红利的逐渐消失，劳动力流动对城市劳动力市场的影响是否是积极的？劳动力流动对地区产业升级和经济发展的影响及作用途径是否存在变化呢？中国经济还能从传统的增长源泉中获得发展驱动力吗？对于这些问题的认识直接影响城市管理部门对于流动人口和劳动力的态度和政策，进而影响中国城镇化和市民化的进程。因此，在当前中国经济向高质量发展转型的背景下，进一步探讨劳动力流动对产业升级的影响及作用机制有着重要的理论和现实意义，这也是本研究的出发点。

1.1.2 研究意义

首先，本书的研究意义主要体现在对现有劳动力流动问题和产业升级问题的重要补充。在中国经济面临转型升级的背景下，占全国总人口将近1/5的流动人口的市民化问题和由此所引发的户籍制度改革问题将是中国今后相当长时期内特别是加快推进城镇化发展过程中面临的重要课题。如此大规模的流动人口进入城镇，是否对城镇本地居民的利益造成了影响？劳动力流动对城市产业升级和经济发展产生了何种影响？然而，已有研究少有利用全国代表性的人口普查数据分析劳动力流动对城市地区劳动力市场和产业升级的影响，从经济效率角度考虑产业升级的研究也较为缺乏，学界和政策制定者对该问题的认识并不全面。而本书利用1990年、2000年和2010年人口普查微观数据、2005年和2015年1%人口抽样调查数据，匹配相应年份《中国城市统计年鉴》相关社会经济指标，建立了一套中国城市流动人口和社会经济数据库，从城市市辖区层面评估劳动力流动在城市产业升级和经济转型中发挥的作用，并进一步讨论其作用机制是否发生了变化，并且全面分析了不同时期、东中西部地区城市和不同资源类型城市中劳动力流动发挥的作用，对该方面的研究进行了有益补充，为中国劳动力流动和产业升级相关问题的深化研究提供了基础数据，为其他学者研究相关问题提供了一定的借鉴和参考。

其次，本研究不仅分析了劳动力流动对产业结构升级的影响和作用机制，并且利用普查数据纠正城市劳动力投入统计偏差后，进一步从经济效率角度分析了劳动力流动对城市全要素生产率和劳动生产率的影响。本研究认为产业升级的本质是经济中的劳动生产率提升，产业升级不仅包含结构的优化，还意味着整个经济体生产效率的提升，但已有研究缺乏该视角的关注。因此，本书从经济效率提升的角度出发，探究劳动力流动对该层次产业升级的影响。另外，鉴于城市统计口径的劳动力投入存在偏差，不能真实反映经济中的真实劳动力投入，本书利用普查和1%人口抽样调查数据纠正了城市统计年鉴中的劳动力投入偏差，更加准确地反映了劳动力流动的真实影响，不仅深化了对产业升级的认识，而且为该领域的研究提供新的经验证据。

最后，本研究的现实意义体现在对新背景条件下劳动力流动对产业升级的影响进行了深入分析，并从人力资本集聚效应的新角度深入分析了其作用机制，为城市管理者认识流动人口的价值和定位提供了理论基础和新的经验证据。从现实出发，流动人口对于中国经济发展的含义和角色正在发生变化。中国的发展阶段正在从城乡二元经济结构向城乡经济一体化发展，从依靠传统要素投入模式转向依靠经济效率提升驱动模式。在二元经济时代，流动人口对经济增长的贡献主要在于为经济提供充足的廉价劳动供给，改善经济的配置效率。然而，得益于国家持续加大对教育的投入，中国流动人口的人力资本改善速度较快，使现有迁移劳动力呈现出不同于二元经济时代的新特征，劳动力流动对产业升级和经济发展的影响及作用机制是否发生了变化？在新的时期和经济发展阶段，对流动人口价值的认识和定位会直接关系到城镇化和市民化的进程。因此，在当前中国经济向高质量发展转型的背景下，深入探讨劳动力流动对产业升级的影响及作用机制有着重要的经济和政策意义。

1.2 研究目标和内容

1.2.1 研究目标

本书利用1990—2015年历次人口普查微观数据和1%人口抽样调查数据，根据城市代码和年份匹配《中国城市统计年鉴》中的相应经济社会指标，构建一套中国地级市层面的流动人口社会经济数据库，在考察劳动力流动对城市劳动力市场的影响后，进一步分析和评估劳动力流动对城市产业升级以及经济效率的影响，以便为城市管理者重新认识迁移人口的价值和重要性提供经验证据，并就下一步深化户籍制度改革和推进城市化提出自己的认识和看法。具体目标可分为以下四点。

第一，实证检验劳动力流动对城市劳动力市场的影响，并分析和比较劳动力流动对不同时期、不同地区和不同资源类型城市的劳动力市场的影响和差异。

第二，实证检验劳动力流动对城市产业结构升级的影响，并从人力资本集聚角度探讨其作用机制。

第三，实证分析劳动力流动对城市全要素生产率的影响，根据不同时期、不同地区和不同资源类型比较分析迁移劳动力的作用及作用趋势，并进一步探讨和验证迁移劳动力作用于经济效率的机制。

第四，实证分析劳动力流动对地区劳动生产率的影响及作用机制，从经济整体效率提升的角度考察迁移劳动力的作用是否是积极的，也即劳动力流动是否促进了城市整体经济质量的升级和转型。

1.2.2 研究内容

在当前人口老龄化和城镇化的背景下，迁移劳动力已经成为城市劳动力市场的主要组成部分，并且已经成为新增劳动力的来源。为了延续中国经济的持续增长，跨越"中等收入陷阱"，中国经济处于从依靠传统要素投入向经济效率驱动转型的关键节点，因此，考察新背景下劳动力流动对城市产业升级和经济效率的影响有其必要性。根据研究目标，本书的研究内容围绕劳动力流动对城市产业升级和经济效率的影响及作用机制展开，主要分为以下五个部分。

研究内容一：中国流动劳动力和产业升级的特征分析。本部分主要是对劳动力流动和产业升级两大部分的描述性统计分析。对于迁移劳动力的描述统计包括三个方面：首先，根据中国迁移劳动力的历史发展和阶段特征，梳理了改革开放以来劳动力流动政策的变动和发展趋势，概括不同阶段的劳动力流动特征；其次，利用国家统计局公布的1990年、2000年、2010年全国人口普查的省级宏观统计数据对迁移劳动力进行定量分析；最后，利用1990年、2000年、2010年人口普查、2005年和2015年1%人口抽样调查微观数据汇总得到的城市迁移劳动力数据，对中国长期内迁移劳动力的特点和变动趋势进行深入分析（包括迁移比例、人力资本水平、劳动年龄等），刻画了当前中国劳动力流动和迁移的基本特征。对于城市产业发展的描述统计分析包括了产业政策的背景描述和阶段性特征，以及对不同时期、不同地区和不同类型城市的产业结构及产业变动趋势的刻画。

研究内容二：劳动力流动对本地劳动力市场的影响。本部分将利用中国流动人口和社会经济数据库，从全国地级市层面观察外来劳动力和本地劳动力的相互作用关系，分析外来劳动力和本地劳动力之间的替代性和互补性，估算劳动力流动对城市劳动力市场的失业率和本地人口失业率、劳动参与率和本地人口劳动参与率以及本地人口工资水平的影响，从而估算劳动力流动对城市劳动力市场的具体影响及程度，并进一步分析和比较了不同时期、不同地区和不同资源类型城市中劳动力流动对上述相关指标的影响和趋势。

研究内容三：劳动力流动对产业结构升级的影响及作用机制。本部分主要是对劳动力流动和地区产业升级的关系进行理论上的阐述和推导，根据产业升级的丰富内涵，从产业之间的结构转变维度、产业内部的生产效率维度以及产业的资源配置效率三个维度出发，采用一系列指标来衡量产业升级，根据已构建的中国城市流动人口与社会经济数据库，通过实证模型探讨劳动力流动是否通过本地市场效应和人力资本集聚效应这两个机制对产业升级产生了影响，以及影响的程度如何。

研究内容四：劳动力流动对城市全要素生产率的影响及作用机制。本部分主要考察劳动力流动对城市层面经济效率的影响。相对于传统的产业升级概念，本研究将全要素生产率的增长，即经济效率的整体提高和改善作为整个经济体产业升级内涵的扩展，即产业升级不仅是产业内部结构的横向变化，同时也要能够考虑整个产业经济效率和劳动生产率的提高，从理论上构建城市经济增长的模型，从而估算劳动力流动对城市全要素生产率的影响，并进一步比较不同时期、不同地区和不同资源类型城市中劳动力流动对经济效率的作用差异及变动趋势，从人力资本集聚和创新角度分析劳动力流动影响城市经济效率的作用机制。

研究内容五：劳动力流动对城市劳动生产率的影响及作用机制。本研究将整体经济的劳动生产率提升纳入产业升级的内涵中，主要利用普查和人口抽调查数据纠正城市统计口径的劳动力投入偏差，并在此基础上分析和评估劳动力流动对地区整体经济劳动生产率的影响，进一步从人力资本角度讨论了劳动力流动的作用机制，为地区长远的流动人口政策和措施提供经验证据。

1.3 研究方法、数据和技术路线

1.3.1 研究方法

为了实现以上研究目标，本书遵循理论推导与实际分析相联系、规范与实证相结合的研究范式，从经济学的基本原理出发，综合利用统计分析、比较分析和计量实证分析的研究方法，主要以计量实证分析为主，对本书的研究目标展开深入分析。主要研究方法有以下几种。

（1）统计分析方法

在进行实证研究之前，首先需对所研究的问题有一个整体性的认识和判断，而描述性统计则有助于归纳和总结研究对象的基本特征，帮助研究者把握研究对象的总体特征，为进一步深入分析研究问题打好基础。基于本书构建的中国城市流动人口和社会经济数据库以及国家统计部门公布的相关数据，本研究多次采用统计分析软件 Excel 和 Stata 14，采用描述性统计方法分析中国迁移劳动力的基本特征，包括迁移分布、年龄结构、职业分布、迁移动机、受教育水平等特征及变化趋势等，同样利用描述性统计分析中国产业发展的基本特征和背景，包括分产业的产值结构、就业结构和劳动生产率等指标及其变化趋势。

（2）比较分析法

本研究在统计分析和实证分析中多次利用比较分析法。在分析迁移劳动力的迁移特征和产业结构变动时，比较了不同时期、不同地区和不同资源类型城市的差异性特征。在实证分析劳动力流动对城市劳动力市场的影响时,比较分析了迁移劳动力和本地劳动力的劳动年龄和受教育水平的差异,并且对比了劳动力流动在不同时期、不同地区以及不同类型城市对城市劳动力市场的影响差异及方向;在分析劳动力流动对产业升级的影响时,比较了劳动力流动对第二产业和第三产业产值结构、就业结构和劳动生产率以及配置效率的差异;在分析劳动力流动对全要素生产率的影响时,比较分析了不同劳动投入下迁移的作用,并且比较了不同时期、不同区域和不同资源类型城市劳动力流动的作用差异;进一步对比分析了不同统计口径下劳动力流动对劳动生产率的影响程度。

(3)计量分析方法

计量分析方法是本研究应用的重要工具。本书采用自行构建的中国城市流动人口与社会经济数据库,利用计量统计分析软件 Stata 14 处理相关数据,并估计相关实证模型。具体而言,主要采用三种方法:首先是最小二乘回归法(OLS),本书利用该方法估计劳动力流动对所研究目标的影响,并将该模型结果作为基础回归模型的回归结果进行分析;其次是工具变量(IV)法。在分析劳动力流动对城市劳动力市场、传统产业结构升级、全要素生产率的影响时,为纠正模型存在的内生性问题,本书采用"滞后一期的迁移比例"和"城市到最近交通枢纽的距离"作为迁移的工具变量,代入模型进行 IV 估计;最后是面板工具变量法。在分析劳动力流动对城市劳动生产率的关系时,考虑到模型可能存在的内生性问题,采用面板工具变量法分析劳动力流动对地区劳动生产率的影响,并利用该模型检验劳动力流动作用于地区劳动生产率的机制。

1.3.2 研究数据与数据库构建

本书的研究目的在于考察劳动力流动对城市产业升级的真实影响,因此使用数据的代表性和可靠性非常重要。关于人口和劳动力统计的相关社会调查数据,最具有全国代表性和最权威的莫过于人口普查和1%人口抽样调查的微观数据。因此,本书利用1990—2015年的人口普查和1%人口抽样调查数据匹配相应年份《中国城市统计年鉴》数据,构建了一套中国城市流动人口和经济社会数据库。其中,社会经济数据主要来自1990—2015年《中国城市统计年鉴》"市辖区"统计口径数据,但鉴于个别指标缺乏市辖区统计数据,则利用市区的数据代替。根据中国行政区划体系,城市可以分为地级城市和县级城市,地级城市统计范围可以分为"市域"和"市辖区",人口与经济活动主要聚集在城市中心区域，且县级市及城市所辖县的指标难以获取，因此本研究采用地级城市"市辖区"口径。

本书的人口与劳动力数据来源于 1990 年、2000 年和 2010 年全国人口普查、2005 年和 2015 年全国 1%人口抽样调查微观数据，属于总样本的部分随机抽样数据。其中，1990 年人口普查微观数据的样本量为 11 835 947 人；2000 年的人口普查微观数据样本量为 1 180 111 人；2005 年的 1%人口抽样的数据量为 2 585 481 人；2010 年的样本量为 1 267 381 人；2015 年的样本量为 1 371 252 人，以上数据均来自总样本的 1%或者 10%抽样。因此，在生成城市层面的数据时，需要根据各自年份的抽样权重统一口径。按城市编码与名称生成城市"市辖区"层面的宏观劳动力统计指标。在人口普查和抽样调查中，统计口径分为两种方法：第一种口径分类方法为"市人口包括市管辖区域内的全部人口（含市辖镇，但不含市辖县）"，第二口径分类方法则是"市人口包括设区的市所辖的区人口和不设区的市所辖的街道人口"，为了与前面的《中国城市统计年鉴》中市辖区的社会经济数据统计口径一致，本书采取的是第二种统计口径。但鉴于 2015 年的数据可获得性，采用的是全市统计口径。

在以上数据的处理上，按照城市编码和年份将来自《中国城市统计年鉴》的市辖区社会经济数据指标和来自人口普查数据和 1%人口抽样调查的劳动力数据进行匹配，构建了一套中国城市流动人口和经济社会数据库。本书主要基于该数据库从城市层面上分析劳动力流动对城市产业升级的影响。研究中背景分析中的其他相关数据来源于国家统计局发布的 1990 年、2000 年和 2010 年的汇总数据和 1990—2017 年的《中国统计年鉴》数据。

本书的目的在于分析劳动力流动对城市产业升级的影响，首先需要对劳动力流动的概念进行准确的定义和度量。本研究利用城市劳动力市场中迁移劳动力占总就业人口的比例作为劳动力流动的衡量指标。其中，迁移就业人口定义为：居住地与户口登记地所在的乡镇街道不一致且离开户口登记地半年及以上，并且在最近一个星期内从事 1 小时以上工作的 15~64 周岁范围内的劳动力（不包括市辖区内人户分离人口）。由于本书不同章节选取的具体指标根据研究目标不同有所差异，在后续的分析中会详细说明，在此不再详细展开，具体指标选取和解释见后文。

1.3.3 技术路线

技术路线详见图 1-1。

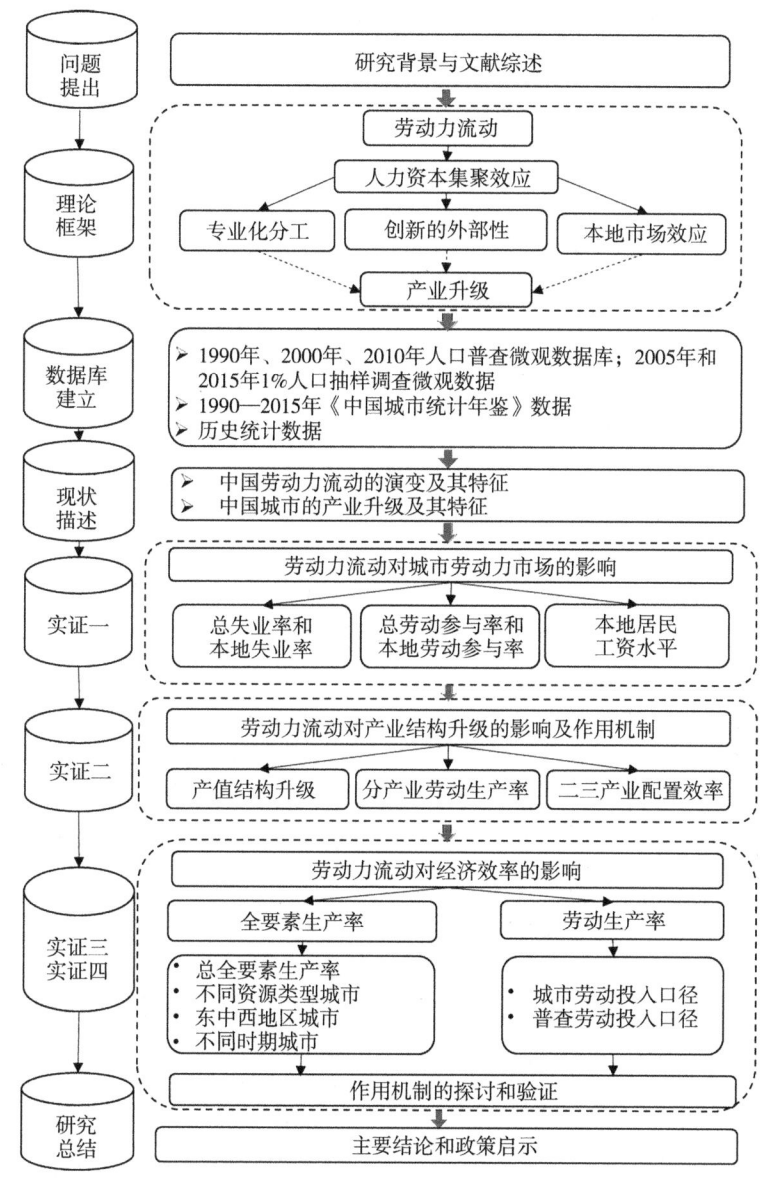

图 1-1 技术路线

1.4 创新与不足

1.4.1 创新之处

随着户籍制度改革的深入，流动人口已经成为城市劳动力市场的重要组成部分。随着大量人口进入城镇劳动力市场，使城镇居民产生了一种担忧：迁移劳动力是否与本地居民形成了竞争关系，挤占了城镇居民的就业机会，导致城镇居民的收入下降？劳动力流动是否对地区的产业升级和经济效率提升产生了负面影响？对于城镇管理者而言，迁移人口的大规模流入产生了大量的公共服务需求，对政府提供公共服务的能力要求也随之提高，并且加大了政府的财政负担压力，因而政府在不清楚流动人口给经济带来的效益之前，对于主动推进户籍制度改革和市民化进程还缺乏动力。因此，本书旨在利用城市层面的经验数据回答上述问题，考察劳动力流动对城市劳动力市场以及产业升级和经济效率的影响，为城市管理者对进一步推进户籍制度改革提供理论依据和经验证据。与已有研究相比，本书的贡献体现在以下几个方面。

第一，本书进一步从经济效率角度研究了劳动力流动对城市产业升级的影响。已有研究对产业升级的分析绝大多数采用一二三产业分类的相关指标，譬如一二三产业产值结构、就业结构的变动等指标，本书认为产业升级的内涵不仅包含利用上述指标定义的传统产业结构升级，而且还包含以整体经济效率提升和劳动生产率提升的产业升级，也即以全要素生产率和劳动生产率衡量的产业升级，并将其引入产业升级的分析框架中，扩展了本研究中产业升级的内涵。已有文献主要集中于迁移劳动力对产业转移的影响分析，少有实证研究分析劳动力流动对产业升级的影响，从经济效率角度进行的相关研究更是少见。本研究实证分析了劳动力流动对产业结构升级、经济效率提升的影响，从经济效率角度对相关研究进行了补充。

第二，利用长期统一口径的全国代表性数据纠正了城市人口与劳动力指标统计口径不一致的问题，得到了较为可靠的研究结论。国内已有研究在研究劳动力流动问题时，受限于数据可获得性，大多使用加总数据或不具有抽样代表性的专项调查数据，由于概念界定和统计口径不一致，研究缺乏可比性和较强说服力；而少数研究使用人口抽样调查数据或普查数据时，其研究数据又多为截面数据或时间较为久远，研究结论缺乏时效性和代表性。国外相关研究主要基于代表性的人口普查数据和劳动力市场抽样调查数据，国内研究在该方面较为落后。本书利用1990—2015年间全国人口普查数据和1%人口抽样调查微观数据，利用统一口径加总计算得到地级城市层面的宏观劳动力指标，根据地级市代码匹配相应年份《中国城市统计年鉴》中的宏观经济社会指标数据，构建了一套中国城市流动人口和经济社会数据库。在《中国城市统计年鉴》中，劳动力投入和和人口的统计部门是公安部统计的户籍登记人口，与实际常住人口统计口径存在偏差。而本书利用普查数据，一方面补充了《中国城市统计年鉴》缺失的流动人口数据指标，另一方面纠正了其人口与劳动力指标统计口径不一致的问题。另外，不同于已有国家层面和省级层面的研究，本书的研究地理单元细化到地级市的市辖区范围，相比较全国和省级层面的研究层次数据所包含的异质性，地级市层面的数据样本量更为丰富，数据样本的异质性相对较弱，更能真实反映劳动力流动的影响。

第三，尝试利用工具变量法克服劳动力流动和产业升级的内生性问题，得到了一致性的研究结论。在实证研究劳动力流动和城市劳动力市场、产业升级和经济发展的相关问题时，一个绕不开的问题是就是劳动力流动和相关经济指标之间的内生性问题。而目前解决内生性最常用的方法就是工具变量法，但已有研究利用工具变量来解决劳动力流动和产业升级的相关研究较为缺乏。本研究在面对该问题时，得益于时间跨度较长的数据样本，并借鉴已有研究，引入早期外来劳动力比例和到最近城市交通枢纽的距离作为工具变量，采用工具变量法解决劳动力流动和相关经济指标可能存在的内生性问题，纠正迁移劳动力实证分析测量偏差的难题。

第四，在本书的研究期内，中国人口与经济结构发生的巨大转变，劳动年龄人口持续减少，人口红利逐渐消失，经济增速逐步放缓，产业面临转型和升级，新型城镇化与户籍制度改革加快推进，本书呈现了新背景下不同资源类型、不同地区和不同时期迁移劳动力对城市产业升级和经济效率的影响，丰富了该方面的相关研究。

1.4.2 研究的不足之处

劳动力流动和产业升级不仅仅是经济问题，更是关系到经济发展、制度改革的社会问题和政治问题。本书的研究时期正是中国改革开放高速发展的时期，社会经济制度和结构也发生了巨大变化。在此期间，关于劳动力流动和产业升级的相关政策也发生了诸多变革，而这必然会对劳动力流动和产业升级产生影响，而本书缺乏相关政策变动指标，仅从经济角度出发，未考虑政策变动的影响，这是本书的不足之处。

在研究内容上，第一，本书并未对迁移劳动力进行分类，从异质性人力资本角度考察劳动力流动对城市产业升级影响的差异性。第二，本书并未从城市规模大小的角度区分城市类型，缺乏对于不同人口规模城市中劳动力流动影响的分析。第三，本书忽略了迁移劳动力市民化过程中城市政府提供社会保障服务和充足公共服务所面临的财政压力和制度障碍，而这是进一步研究的方向。

此外，受限于数据可获得性，本研究尚未得到2020年人口普查的最新数据，研究时效性略有滞后。但由于本研究着眼于最近30年来劳动力流动对城市产业经济结构的影响内在机制的探索，并不影响结论的正确性。后续如有机会，会进一步利用最新数据进行补充验证。

第 2 章　理论基础和文献综述

近年来,随着人口老龄化趋势的进一步加重,中国不仅面临劳动供给总量下降和生育率低迷的形势,而且正逐渐丧失低成本劳动供给的比较优势。学界和政府对于保持中国经济稳定增长提出了一系列的方法和措施,其中最引人注目的当属产业升级和结构调整。在当前加快推进城镇化的背景下,占据中国总人口 1/5 的流动人口对城市产业升级和经济发展产生了何种影响不甚清楚,相关研究对此的讨论较少。结合本研究的需要,本章对近年来相关学者的研究进行回顾和梳理,然后进行文献评述,总结已有研究取得的进展和不足。

2.1　产业升级的相关理论

产业升级,是一个国家或地区经济增长到一定时期必然会发生的过程,由于各国和地区的经济发展模式不同,其产业升级的内涵和路径方式也不完全一致,各国产业升级的发展阶段也不一致。所以,中外学者对于此问题的研究也大不相同。本节将会从产业升级的内涵和定义、升级模式、影响因素以及衡量方式四个方面来回顾相关文献。

2.1.1　产业升级的内涵和定义

关于产业升级的内涵和定义,学术界对不同国家和不同时期看法存在差异。国外研究比较注重从企业视角来阐释产业升级。Porter[6]认为在国家竞争中,产业升级是让企业不断地创新,从劳动密集型转向技术和资本密集型产业不断保持竞争优势的过程。Gereffi[7]认为产业升级是经济体或企业向高利润、高新技术和资本密集经济的攀升过程。他创造性地将产业升级分为四个不同维度:产品从简单向高级的升级、公司内部产品制造网络的升级、地区和国家经济的升级以及地区间整个产业链的升级。但是也有学者认为产业升级并不是产业创新,创新是指公司新工艺和产品的更新换代,而升级则是在全球产业竞争中适应市场规则的变化,从而使公司在产业链上保持竞争优势的过程[8]。还有学者认为产业升级是通过提高技术能力，制造高附加值的产品从而获得竞争力的过程[9]。Poon[10]认为发展中国家可以通过跨国公司的技术转移和知识扩散，学习先进国家的技术来实现自身产业升级。Enrst[11-13]从五个层级、两个方面来对产业升级的内涵进行了系统的概述，他认为产业升级包括产业内升级和产业间升级。其中，产业间升级指的是产业从低附加值向高附加值转变；产业内升级则包括要素从自然禀赋向创造资本转换、需求从必需品向正常消费品再向奢侈品转换、功能从简单的组装向自主研发整体整合升级、链接从前后产业链接向知识密集型的支持服务升级的过程。

国内学者从中宏观的角度来剖析产业升级，包括产业转移、一二三产业的结构转化和效率提升，价值链升级等。石东平等[14]认为发展中国家产业升级主要是承接发达国家的产业转移以此来实现本国工业经济的产业升级，这是在发展中国家的产业初期对产业升级的普遍认识；刘志彪[15]认为产业升级是由低技术水平、低附加值状态向高技术水平高附加值状态的产业变化过程，持相同观点的还有潘悦[16]、马云俊[17]、张耀辉[18]，随着产业发展进一步深化和细化了产业升级的内涵；随着全球经济一体化程度的加深，基于不同的劳动分工和比较优势条件，各国产业在在全球产业链的地位和分工也有所不同，所以也有学者从全球价值链的角度扩展了产业升级的内涵，该观点认为产业升级是通过自主创新从低附加值、劳动密集型的产业向高附加值和资本技术密集型的产业不断攀升，从而实现本国产业在国际地位上提升的过程，同时更加强调全球分工网络的协作[19-22]。纵观国内对产业升级的认识经历了从简单地承接国际产业转移到从劳动密集向资本技术密集转化、再到在国际价值链中攀升的过程，而这一认识过程则是我国产业发展和升级历程的真实写照。

2.1.2 产业升级的三种模式理论

关于产业升级的模式理论主要分为三种：二元经济基本理论、雁阵模式理论和主导产业理论，接下来分别对这三种模式理论进行概述。

二元经济基本理论。二元经济基本理论是 Lewis[23]针对发展中国家提出来的一种解释经济结构升级的理论。该理论认为发展中国家的经济分为传统农业部门和现代工业生产部门两部分，传统农业生产的边际生产力接近零，而工业生产部门的劳动生产率远远高于传统农业生产部门，所以工业能够从农业获得无限供给的劳动力。随着劳动边际生产力的差异导致的劳动报酬差异，工业部门将不断吸收来自农业的剩余劳动力，农业部门的边际劳动生产力不断提高，而工业部门的边际劳动生产力不断下降，到最后两者相等，此时经济达到"一元经济结构"。Fbi 和 Ranis[24]随后在 Lewis 的二元经济理论上将经济结构转变的过程分为了三阶段：第一阶段，传统农业生产部门劳动生产率接近零，农业部门对工业部门的劳动供给是无限的；第二阶段，农业部门的剩余劳动力向工业部门流动导致农业部门的劳动生产率提高，工资上涨；第三阶段，农业部门和工业部门的边际劳动生产率相等，经济发展成"一元经济结构"。该理论对产业结构升级的相关认识提供了理论解释。

雁阵模式理论。雁阵模式理论对应的是国家或地区间的产业转移，是发展中国家产业升级的主要模式，该理论是日本学者 Akamatsu[25]总结和分析日本国内棉纺工业的发展历程概括出来的。他通过相关研究认为：在一国经济发展的初期阶段，国内工业基础薄弱，需要从别国尤其是发达国家进口日用工业品，由于日用工业品是进入门槛低、劳动密集型的产业，所以当某种日用工业品的市场规模发育到一定程度时，会吸收国内投资大量进入该行业生产进口替代产品。当该产业在国家产业政策的保护下会迅速占领国内市场，如果能利用好比较优势的话，甚至可以出口国外，成为具有国际竞争力的产业，实现国家的产业升级。尽管作者只是分析了棉纺业的产业发展规律，但也可以应用到其他产业的发展上。由于作者用于分析的图形呈倒"V"形，所以又将该模型称作是雁阵模式，来代表产业升级的过程。该理论认为产业转移是发展中国家产业升级的主要模式。国内也有相关学者利用这一理论解释了我国东部产业升级转移、中西部产业承接的大国产业制造业发展路径的选择问题[26]。

主导产业理论。主导产业理论是由美国经济学家 Rostow[27]在经过对经济发展的深入洞察之后提出的，主要包括主导产业理论和经济成长阶段理论。他认为无论在经济发展的哪个阶段，经济增长依靠的是经济中几个主要产业不断壮大，通过扩散效应带动其他产业部门实现的。主导产业的扩散作用包括后向效应、旁侧效应和前向效应。后向效应指的是主导产业在高速扩展时期时对原材料和机器设备产生了大量的需求，从而带动一系列工业部门的快速发展；旁侧效应指的则是主导产业会引起周围环境的一系列变化，从而更快更广泛地推进工业化；前向效应则是通过为其他部门提供中间产品和服务，降低其他产业部门的成本，促进需求的有效供给来加快产业经济的发展。他将社会发展过程划分为六阶段，包括传统社会阶段、起飞准备阶段、起飞阶段、向成熟推进阶段和高额大众消费阶段，后来又补充了追求生活质量阶段,形成了"六阶段理论"。其中,最重要的是起飞准备阶段和起飞阶段。首先,在起飞阶段的初期,一个行业或几个行业首次诞生,利用较高的生产率带来了新的生产函数,通过后向联系和旁侧效应带动其他产业发展,使经济发生根本性的转变;其次,在起飞发生的时候,必须通过前向联系,发展新的主导产业来替代旧的主导产业,从而使经济获得不断地从旧产业过渡到新的主导产业的能力,从而实现经济的持续高速增长,这就是主导产业理论。该理论强调产业经济的自身创新能力和社会经济对新兴产业发展趋势的把握能力。

由上述三种产业升级的模式可以看出,二元经济理论是针对发展中国家产业从传统农业向现代工业化过程中产业升级原理的揭示;而雁阵模式则是对发展中国家如何利用国际间产业转移从而实现自己国家产业升级的总结;主导产业理论则是强调经济内在的主导产业变化和自身经济的创新能力。

2.1.3 产业升级的衡量方式

由于不同学者对于产业升级内涵的认识不同,所以不同学者从不同角度提出了衡量产业升级的方法。

从宏观角度来看,衡量产业升级的方法可以分为产业结构比例、产业效率提升、劳动生产率提升。

(1) 产业结构比例

产业结构比例的衡量最早来源于 Hoffmann[28] 提出的霍夫曼系数。他通过分析 1880—1929 年 20 多个国家的工业发展数据,总结了工业化产业升级的规律。霍夫曼系数利用消费资料工业净产值和生产资料工业净产值的比例来代表工业升级的程度。这是最早对产业进行粗略分级的研究。Fisher[29] 提出了三次产业思想,Clark[30] 对该思路进行了扩充,大致分为农业、与农产品加工相关的产业以及从上述两个产业衍生出来的具有生产价值能力的无形产业;Kuznets[31] 首次在学术界提出了农业、工业和服务业的明确划分。在该思想的指导下,产业升级指的是从第一产业比值下降到第二、第三产业比值上升的过程,利用三次产业产值和总 GDP 的比值、或者利用三次产业人员的从业人员的比例变化来衡量产业升级的学者有很多[32-34]。

(2) 产业效率提升

从产业效率提升角度来衡量产业升级的思想来源于亚当·斯密,他根据资本、劳动和技术的密集程度来划分产业,认为经济结构的发展过程是从劳动密集型产业向资本技术密集型产业不断移动的过程,后来也有相关学者从这一角度来衡量产业升级[35,36]。Barro 等[37]构建了一个包含人力资本、物质资本、技术进步的模型，用跨国数据论证了人力资本能够促进经济增长和产业升级。梁琦和詹亦军[38]强调产业集聚所引致的技术创新对产业升级的作用，并利用技术贡献率来衡量和解释长三角地区城市的产业升级，分析表明，该地区的专业化趋势驱动了该地区产业升级，从劳动密集型产业向资本密集型产业转型升级。Giuliani 等[39]通过测算产业效率来衡量产业升级。

（3）劳动生产率的角度

劳动生产率提升指的是单位劳动力创造的劳动价值，一般用该行业总 GDP 与该行业总从业人员的比例来代表，是衡量产业升级的常用指标[35]64,[40,41]；Jensen[42]在研究外国直接投资和波兰食品制造业产业升级的关系时，利用劳动生产率来考察产业集聚的知识溢出效应及对产业升级的影响。同时，还可以计算劳动生产率的增长率代表产业升级的快慢。

从微观角度来看，对产业升级进行衡量的研究主要包括附加值或增加值比例提升和产品升级指数等角度。

（1）附加值比例提升的角度

Kaplinsky 和 Readman[8]提出了利用产品升级指数来测度产业升级，具体指标是对某行业单位产品价格变化率对平均产品价格变化率的偏离程度和市场占有率的变化率各赋一半的权重再求和，两者均上升则表示产品升级，反之，则不然。马涛等[43]提出了利用工业加工程度指标（工业产值或增加值与原材料工业产值或增加值的比重）、加工化程度指标（加工业产值或增加值与基础工业产值或增加值的比例）等一系列指标来衡量产业升级。与此相类似，邬义钧[44]则认为随着工业附加值特别是制造业附加值占总 GDP 比例的上升最能体现一个国家工业化的程度，利用附加值溢出量来衡量产业升级是比较合理的，同时还认为高加工化系数、结构效益指数、结构效应链可作为评价产业结构优化升级的指标。

（2）产品升级指数的角度

随着对产业升级的研究视角集中全球产业价值链上，越来越多的学者从产品升级的角度来诠释产业升级。Schmitz[45]认为流程升级（Process Upgrading）可以通过重组生产系统或引进先进生产技术提升投入产出比的效率；Gereffi[7]37认为产品升级（Product Upgrading）意味着更复杂的生产线和单位价值更高的产品；Bair 和 Gereffi[46]利用某地区的牛仔裤制造业从加工出口到全产业链制造的升级过程说明功能升级（Functional Upgrading）需要在产业链上占据更优、新的功能，例如设计、营销、或者放弃现有的低价值的制造活动转向高价值的制造活动；还有跨部门升级（Intersectoral Upgrading），即从一个主导产业转向另一个主导产业，从而产生新的生产函数[47,48]。Giuliani等[49]则利用以上四个指标分析了拉丁美洲产业集群的效率问题。

由于上述研究主要集中在产业升级某个主要特征的衡量上，所以也有学者提出了利用结构层次系数和指标体系的方法来更加全面地衡量产业升级。方甲[50]提出了利用结构效益系数来衡量产业结构的合理程度，若该系数值上升，则代表产业结构趋于合理。靖学青[51]和武晓霞[52]利用产业结构层次系数来刻画产业结构高级化水平，值越大表明该区域结构层次越大，能够利用该系数比较不同地区不同时间的产业结构层次。通过相对指标比较的有库兹涅茨、钱纳里模式等，他们通过将一个国家的产业发展水平和当时产业发展水平最高的国家进行比较，以确定本国的产业升级的程度。而对产业升级进行指标体系评价的有程如轩、卢二坡[53]和马涛、李鹏雁[54]等学者。程如轩等认为衡量产业升级应该从产业结构优化升级和地区产业机构状况指标两方面评价产业升级，提出了三次产业结构指标、霍夫曼比例指标、智力技术密集型集约化程度指标、新兴产业产值指标、基础产业超前指标等一系列指标来衡量产业升级；马涛、李鹏雁等则提出了基于产业"动态优化"原则的地区产业结构升级测度指标体系，包括产业结构、环境可持续发展、产业的空间区位状况、产业开放性、产业关联结构、产业组织结构、人力资源利用七个方面。

2.1.4 产业升级的影响因素

从宏观角度来看，产业升级的影响因素主要包括需求驱动、贸易影响、劳动力和资本要素驱动、产业政策影响四大类。

（1）需求驱动

Rostow[27]1-16主导产业扩散理论表明主导产业通过前向、后向和旁侧效应带动一系列相关产业的需求，从而促进产业的扩张和升级。Gereffi[55]认为产业升级在互联网出现之前，是由生产者需求和消费者需求驱动的。

（2）贸易影响

在Leontief[56]投入产出模型中提到了国际贸易净额对国内产业升级的影响；Chenery et al.[57]认为生产进口替代产品和扩大对外贸易均能够影响国内产业升级；Kojima[58]在雁阵模式中也认为贸易促进了产业升级；刘似臣[59]认为全球贸易的繁荣促进了产业内部分工体系的发展，从而促进贸易加工产业的升级；张明志等[60]提出在全球劳动分工的背景下，国际垂直专业化对促进中国产业间升级具有积极作用，而对产业内升级具有阻碍作用；唐东波[19]65通过对中国2000—2008年出口贸易的垂直加工化程度（VSS）的计算，发现出口贸易中技术密集型国外附加值率远低于劳动密集型产业，即尽管出口量绝对值高，但是国内从中获得的利润非常低，并阻碍了国内相关产业的升级。

（3）劳动力和人力资本要素影响

Becker等[61]认为人力资本投资和经济增长有密切的关系，自从人力资本被具体化到知识和技能，经济增长极取决于技术和科学知识的进步，发展取决于人力资本的积累。Fujita和Thisse[62]发现一个地区集聚的技术人力资本越多，生产率就越高。Limam等[63]利用DEA生产函数考察各个国家的生产效率问题，发现资本积累对于产出的作用非常关键，劳动力的质量高低直接影响产出增长的速度。刘志彪[15]3认为知识和人力资本会通过创新使产业升级从劳动密集向资本技术密集型发展；徐佳宾[64]认为发展中国家在工业化初期可以充分利用劳动力成本优势，来促进本国的产业升级；张其仔[65]提出劳动力比较优势的转化会影响本国产业的路径选择和发展方向。

（4）资本要素和金融发展的影响

Porter[6]427在国家竞争优势中提到了当资本比劳动及其他禀赋充足时，产业就会从劳动密集型向资本密集型升级。资本要素不仅通过作为直接生产投入对产业升级作出贡献，还通过国际间资本的流动间接影响产业升级，主要分为对外直接投资[32]27,[66-69]和国外直接投资[70-73]的影响。刘世锦[74]强调了金融环境对产业发展存在一定影响；Ernst[11]247分析韩国出口电子产业时，认为金融和货币市场的波动对该行业存在巨大影响；钱水土等[75]认为金融发展对产业升级有促进作用。

（5）产业政策的影响

Ergas[76,77]通过对6个工业化国家技术政策和政府体制的研究，发现不同国家的技术政策目标会对产业发展的结构和方向产生不同的影响；Lall[78]认为在产业发展的不同时期，政府为促进产业的发展会对特定产业实施不同的政策（例如创新政策）和干预，从而对产业升级产生影响；Mathews[79]分析亚洲国家半导体工业时，认为这些国家的政策制度安排（例如撬动战略）加速了新技术从发达国家到发展中国家的转移和扩散，从而促进了流入国的产业升级。Pickles等[80]则通过对东欧国家的服装产业的研究，认为当地体制和政策对产业升级有影响。

从微观角度来看，产业升级的影响因素主要包括企业角度的微观生产率提升、价值链角度等。已有研究认为产业通过技术创新提升生产率实现升级；或者企业通过产品升级、功能升级等方法，在全球价值链上占据优势地位，从而实现升级。

（1）企业生产率提高

Ernst[81]认为全球化加强了各国的联系，是组织创新的一种方式，加快技术和创新扩散，使发展中国家能够较快地利用国际和国内技术，实现本国的产业升级。

（2）价值链角度

有研究者从全球价值链的角度研究了公司层面的产业升级，并区分四种产业升级的趋势[8]。Humphrey等[9]1017认为在公司在价值链上从事高价值活动，提高了公司竞争力，从而实现产业升级；他还从企业角度出发把升级的途径分为四种：工艺流程升级、产品升级、功能升级和跨链条升级。

2.2 劳动力流动、人力资本集聚和产业升级

国内对劳动力流动的讨论多是在二元经济角度下无限劳动供给所带来的配置效率的提升，对新时期背景下迁移对产业升级和经济转型的影响和作用机制的变化缺乏关注和经验分析。相关研究表明，劳动力流动主要通过影响城市劳动力市场人力资本分布和结构，利用人力资本集聚带来的相关效应进而影响产业升级和经济发展。因此，以下的文献主要梳理和总结了劳动力流动是如何影响人力资本集聚及其效应，从而影响产业升级和经济发展的。

人力资本的概念首次被提出是在1906年费雪的《资本的性质和收入》著作里；Schultz[82]开创了人力资本收益理论，用人力资本解释除劳动和资本之外无法解释的索洛残差，认为人力资本是人的知识、能力、技能与体力价值的加总，在此之后，主流经济学家开始对人力资本进行重点关注。Mincer[83]用人力资本投资收益率模型解释个人收入差别与人力资本投资的关系，以此来尝试解释研究劳动力的供给问题。Becker[84]开创性地从微观角度来研究人力资本，他认为人力资本包括正规教育和职业培训，从家庭、婚姻和歧视的角度对人力资本的影响做出了经济学理论上的解释。20世纪80年代，人力资本理论的发展跟内生经济增长理论联系比较紧密。

Romer[85,86]和Lucas[87]提出内生经济增长理论模型，将人力资本作为内生变量引入模型，强调人力资本对技术进步和经济增长的溢出效应[88]。20世纪90年代以后，相关学者将人力资本与新经济地理学联系起来，通过考虑人力资本的异质性来考察人力资本的作用，包括中心—边缘模型（C-P模型）及其扩展模型[62]121-145,[89]483-499,[90]、自由企业家模型及其拓展模型[91-94]等。国内也有学者通过将异质性人力资本与新经济地理学中相关模型来考察其对地区发展和收入差异的影响[95]27,[96]。

在经济学的历史发展中，人力资本的重要性日益受到经济学家的关注，人力资本对产业升级和经济增长的作用更是发展经济学重点关注的领域。考虑到人力资本是借鉴物质资本的概念从劳动力中剥离出来的，所以人力资本不仅是指作为资本那部分属性，它更是随着劳动者的迁移而流动的。在讨论劳动力流动对经济增长的影响时，必然绕不开人力资本这一作用途径和机制。

在考察劳动力流动对经济增长的文献中，大部分研究者主要从新经济地理学的角度出发，认为劳动力流动尤其是人力资本流动对一个地方的经济发展至关重要。Ottaviano等[97]和Forslid[98]建立了自由企业家模型（Footloose Entrepreneur Model），该模型假设空间流动要素是人力资本而非物质资本，并且人力资本流动不能脱离劳动者本人，通过工资效应，引起人力资本向中心地区（发达地区）集聚，促使中心地区劳动生产率提升[92]155,[95]27,[99]36。李中和周勤[100]则在自由企业家的模型上，考虑了普通劳动力的异质性，进一步放松了普通劳动力不能流动的假设，建立了人力资本和普通劳动力流动的两要素模型，研究认为人力资本的流动扩大了地区收入差距，而普通劳动力的流动则缓和了地区收入差距的扩大。

自从人力资本作为一种生产要素被引进入了内生经济增长理论，并且和新经济地理学结合起来，则有大量学者对人力资本作用于产业升级的方式和影响做了深入探究。一种观点认为人力资本对地区的产业升级的作用是关键的[101-103]；另一种观点则认为人力资本的结构和产业配置对产业升级会有不同的影响，高素质的人力资本积累和合理的人力资本结构对产业的结构升级有促进作用，反之则不然[104-107]。总之，这两种观点尽管角度不同，但均强调了人力资本的积累对产业升级的重要作用。

已有研究对劳动力流动对产业升级的作用机制，推论为：人力资本集聚可能通过本地市场效应、提高地区专业化程度以及促进地区科研与创新等机制，使当地经济受益于人力资本所带来的技能和知识的溢出效应（外部性),从而提升地区的劳动生产率和经济效率,促进当地的产业升级[108-110]。Benhabib 和 Spiegel[111]认为人力资本通过决定一个国家发明适合本国新技术的能力来直接影响生产率,并且人力资本水平影响技术获取和扩散的速度,该研究将人力资本的受教育程度加入内生增长理论,是因为劳动力的受教育水平能够影响创新、执行和采用新技术的能力,从而影响微观生产率的提升,影响经济增长的路径。Wang 和 Yao[112]认为人力资本积累对 1952—1999 年中国经济增长存在促进作用,中国的产业升级要通过人力资本的创新来实现。Fujita 和 Thisse[62]121-145通过将 C-P 模型和内生经济增长理论模型结合起来,并引入了研发部门,发现一个地区的高技能人才集聚越多,该地区的技术创新能力也越高,强调研发部门知识的溢出效应对地区经济增长和产业升级的作用。Romer[85]251 和 Lucas[87]均强调了人力资本积累的知识溢出效应(外部性)对经济增长的作用。发展中国家接受来自流动的异质性人力资本的知识和技术是提升本国生产力,实现产业集聚和升级的关键 Walz[113];知识的溢出和技术进步是国家或地区实现在全球产业价值链上地位攀升的主要影响因素[13]10,[81]1417;还有一些学者对于人力资本的外部性做了实证研究[71]445,[114]。Rosenthal et al.[115]利用美国人口普查的数据,发现美国高等人力资本的溢出效应对城市人才集聚有影响,并且其溢出效应随着其覆盖范围的扩大而变小。陈得文和苗建军[116]利用中国省级数据得出人力资本积累及其空间溢出效应对经济发展的贡献率不断增大,持相同观点的还有王春晖[35]。

2.3 国内外相关研究与文献评述

2.3.1 劳动力流动对城市劳动力市场的影响

在观察劳动力流动对城市产业升级和经济发展的影响之前,需要了解迁移劳动力在城市劳动力市场上发挥的作用。对劳动力流动作用于劳动力市场的机制分析主要从替代性和互补性两方面来分析。替代性指的是外来劳动力挤占本地劳动力的就业空间,对本地劳动力的工资和就业产生不利影响,而互补性指的则是外来劳动力和本地劳动力之间不是竞争而是互补的关系,对本地劳动力市场存在积极和有益的影响。

迁移劳动力对城市劳动力市场的影响及程度主要取决于流入的劳动力与本地劳动力之间的可替代性和竞争性[117]。现有文献主要从互补性和替代性角度观察，国外研究主要关注的是国际移民对流入国本地居民就业和工资的影响，但是移民冲击的影响方向及程度，尚未有定论。已有研究的观点可以概括为以下三种。

第一，移民对本地劳动力市场存在负面影响[118-122]。Grossman[123]通过一般均衡模型考察了移民数量对本地工人的就业和工资的影响，研究发现，移民对本地居民的工资和就业存在负面效应，但第二代移民的作用更小，新进入的移民对前期移民工资的影响要大于对本地居民的影响。Borjas等[124]控制了地区因素，认为移民对本地居民的就业和工资均具有负面影响，尤其是对低技能劳动力影响更明显。Borjas[120]1335利用美国1960—2000年的人口普查数据研究表明，在1980—2000年，移民比例增加10%，将导致美国本地工人平均损失3%的实际工资，低技能工人（未完成高中教育）工资损失则达到了9%，移民对低技能工人工资的负面影响更加明显。

第二，移民对本地劳动力市场存在影响，但程度较小。Altonji和Card[125]使用工具变量法控制移民的内生性，发现大城市的移民比例上升1%，将导致本地工资降低1.2%，即移民对本地居民的影响是有限的。Card[126]利用美国1990年的人口普查数据发现在19世纪80年代，美国的移民流入大概降低了1%~3%本地低技能劳动力的就业率和工资。Friedberg[127]研究认为移民对本地居民的影响极为有限，大约提高10%的移民比例才会导致工资下降不到1%，即使与移民拥有相似特征、具有竞争性的本地居民也并未受到多大影响。相关研究认为移民对本地劳动力的就业和工资影响不大，对此的解释分为三种：一是移民的人力资本较低[128]；二是移民进入使感受到威胁的本地居民迁出该城市，从而弱化了移民的作用；三是移民扩大了本地市场，有利于提高本地居民的就业机会和工资[126]57。

第三，移民对本地劳动力就业和工资存在正面影响。Ottaviano和Peri[129]利用一般均衡的方法，通过考虑劳动力市场和资本市场在生产中的相互作用，分析了1990—2004年美国新出现的移民对美国本土工人工资的影响，研究表明，无论是在长期还是在短期，移民对美国本土工人工资有正向显著的影响，尤其对高技能劳动力（高中毕业及以上）积极影响更为明显，对低技能劳动力的工资存在负面影响，但影响较小。该研究的创新主要有两点：第一，放弃了拥有相同教育和工作经验的移民与本地工人之间是完全替代的假设；第二，更加全面的考虑了移民引起的物质资本调整。Peri和

Sparber[130]对此的解释为，新进入的移民和本地居民中的专业化分工程度提高，提高了生产率，从而缓解了本地居民工资下行的压力，这也解释了在低教育水平的外来移民和本地工人群体之间，移民影响较小的原因。Ortega 和 Peri[131]运用动态均衡理论模型论述了低成本的外来劳动力进入城市，长期内会引致企业扩大生产规模，拉动投资需求，同时经济增长成果能在更大范围分配后刺激需求，两种因素都会提高城市就业率。

中国的国际移民比例极小，学界的研究重点是国内城市劳动力市场中外来劳动力尤其是农村劳动力对城镇居民的影响，研究结论也存在类似分歧。第一种观点认为外来劳动力和本地劳动力是竞争性的关系，挤占了本地工人的就业机会，外来人口与本地工人之间的关系从互补逐渐过渡到竞争，尤其是在低学历、低技能的劳动力群体之间[132-135]。刘学军和赵耀辉[117]693利用2005年1%人口抽样调查数据，研究发现外来劳动力对本地劳动力就业率在统计上具有显著的负向作用，但影响非常小。近期一项研究表明，外来劳动力占比每上升10%，城市原有劳动力的就业率将下降0.04%~1.99%，外来劳动力对城市低技能劳动力就业率的影响并不明显，但对高技能劳动力的就业率产生显著冲击，高技能组劳动力之间存在更高的替代性[136]。第二种观点认为外来劳动力与本地劳动力存在互补关系，外来劳动力尤其是农村劳动力承担了本地人不愿从事的职业，与城市劳动力就业存在互补性[135]11-16,[137,138]。黄宁阳和汪晓银[139]利用省份面板数据研究发现，在初级劳动力市场上农民工与城镇劳动力主要表现为替代关系，而在高级劳动力市场上主要表现为互补关系，但在总体上进城农民工的数量与城镇居民的失业率没有统计上的相关关系。钟笑寒[140]认为劳动力流入对城镇居民的工资有提高作用，其内在逻辑为，劳动力流动促进了城镇劳动力市场的再分工，进而造成了职业上的差别，并提高了当地工人的工资。劳动力流动不仅提高了总体的经济效率，而且可能是一种"帕累托改进"。

2.3.2 劳动力流动对产业结构的影响研究

关于劳动力流动如何影响产业升级这一研究问题的探讨，国内外研究还相当少。已有研究主要关注贸易因素[19,57],[58]375-401,[59]31,[60]118、资本要素[6]427,[70]43-60[66]124,[68]124,[71]55,[141]、产业政策[142-144]等因素对产业升级的影响。Rostow[27]1-16主导产业扩散理论表明，主导产业通过前向、后向和旁侧效应带动一系列相关产业的需求，从而促进产业的扩张和升级。在互联网出现之前，产业的发展和升级主要由生产者需求和消费者需求驱动[55]30。因此，需求是产业升级的重要驱动力。从投入要素方面观察，除却物质资本外，人力资本的积累和创新也是影响产业升级的关键因素。人力资本投资和经济增长有密切关系，经济增长取决于技术和科学知识的进步，而科学技术的发展则有赖于人力资本的积累[61]323。人力资本集聚越高的地区，生产率水平也就越高[62]121。随着社会分工水平的提高和交易费用的降低，知识和人力资本会通过创新使产业从劳动密集向资本技术密集型发展[15]3，从而推动地区产业升级和经济增长。经验分析表明，尽管产出中资本积累的作用非常关键，但劳动力质量则直接影响产出的增长[63]2。

已有文献认为劳动力在空间上的流动会导致产业在地理上分布的不均衡，从而影响区域经济的发展。从新经济地理学的角度认为由于存在需求关联和成本效应，劳动力的流动更容易在地理上集中，与此伴随的是制造业的集中，从而改变了地区的产业结构和地区经济发展[89,99]。随后也有大量学者在此观点上进行了一系列深入的扩展研究。Dumais 等[145]利用美国人口普查中的制造业数据发现，在大城市层面，劳动力资源是产业集聚的关键因素，劳动力的流动导致了制造业的集聚。Hanson[146]根据 Rybczynski 假设，证实了移民（国际劳动力）的流动变化会导致产业结构的相应调整。樊士德和姜德波[147]在巴罗、萨拉伊马丁和德拉柯兹有关移民经济增长模型的基础上，对劳动力流动与地区内、地区间经济增长差距的内在关系进行理论推导，发现劳动力流动加快了中国发达地区经济增长收敛速度，降低了欠发达地区的经济增长收敛速度。潘越和杜小敏[148]利用非参数可加模型，证明了东部地区的大量劳动力的流入显著地促进了东部地区的工业化进程和经济增长，而中西部地区的劳动力流出对区域经济的影响表现为显著的倒"U"形非线性关系，该研究表明劳动力在区域间的不均衡流动在客观上扩大了我国区域间经济发展的不平衡程度。

已有的少数研究表明，劳动力流动更多是和产业转移联系在一起，产业在空间地理上的集聚和转移同时伴随着劳动力要素的流动，劳动力流动对产业升级的主要影响体现在产业内部结构的升级和产业在地区空间的重新布局。Altonji 和 Card[125]201-234利用美国 120 个城市 1970 年和 1980 年国家统计局数据分析了不同城市间移民比例变化所导致的产业分布变化，研究表明，与低技能（未完成高中教育）本地居民相比，低技能移民所在的劳动力密集型产业逐渐被淘汰。高波等[149]利用 2000—2009 年中国 35 个大中城市数据分析发现，城市间相对房价的升高会导致劳动力流动，从而低技能产业的相对就业人数减少，并促使产业向高端价值链攀升，从而实现产业升级。刘新争[150]认为劳动力流动的趋势反映了劳动力要素成本的比较优势在中国区域之间的动态转化：东部地区逐步丧失劳动力成本的比较优势，中西部地区劳动力要素禀赋开始呈现显性优势，从而导致东部地区产业的转移和升级。樊士德等[151]认为劳动力外流后，无论是形成回流还是转移刚性（即选择不回流），都会对区域间的企业转移行为和整个产业转移产生影响。还有学者特别地强调了劳动力流动和第三产业之间的关系，认为劳动力流动对服务业发展有重要作用[152]，并且劳动力流动和第三产业发展可能是相互影响的，存在内生性关系[153]。

还有较多的研究讨论了农村劳动力流出对农业农村的影响。研究表明，一方面，由于大量农业转移人口进入非农领域，减少了农村劳动力供给，导致劳动要素成本相对提高，从而促进了耕地、机械与化肥对劳动的替代，影响了农业尤其是粮食生产经营。特别是一些研究还分析了劳动力转移对具体生产环节的影响，包括收获、流通、加工等环节[154-156]。另一方面，中国当前社会中以家庭化流动为表征的劳动力流动加快了农村地区土地流转市场的发展[157]，促进了农村生产方式向规模化、产业化和市场化方向转型，农业生产效率和技术水平得到了显著提高[158,159]，这意味着劳动力流动和农业产业的发展也存在密切联系。

以上研究从侧面反映了劳动力流动和地区产业转移和升级存在一定的内在联系，但却并未直接将劳动力流动和产业升级联系起来。然而根据新经济地理学的观点，在利润最大化原则条件下，由于企业内部的规模报酬递增、交通成本以及知识的溢出和外部性，企业不愿改变区位从而形成了较大的市场规模，同时也意味着劳动力在该地区的集聚[160-162]，这表明劳动力流动和地区产业升级存在内在联系。

2.3.3 劳动力流动对城市经济效率的影响研究

劳动力流动对经济效率是否具有正面影响，已有研究对此进行了丰富的探讨。Ortega 和 Peri[131]1 利用 1980—2005 年经济合作与发展组织（OECD）的 14 个移民接受国和 74 个流出国的移民数据，实证分析了移民流入对接受国的就业、投资和生产率的影响，研究发现无论在短期还是长期内，移民并没有减少投资密度和全要素生产率（TFP），相反移民对接受国的 TFP 产生了积极影响。Peri[163,164] 利用美国 1960—2000 年和 2006 年的人口普查数据分析人口迁移对 TFP 的影响，研究表明，劳动力流动和全要素生产率之间长期存在显著的正向关联，即便利用工具变量解

第2章　理论基础和文献综述

决内生性问题后，这种正向关系仍然显著，劳动力流动大约能够促进一半的 TFP 增长。2013 年，美国国会预算办公室[165]评估了最新移民改革法案《边境安全、经济机会和移民现代化法案》的改革成本和收益，该评估结果表明到 2023 年，与维持现状的情形相比，此项移民改革预计能够促进 0.7% 的 TFP 增长。都阳等[1]认为尽管迁移对资本产出比和工作时间有负面影响，但是农村劳动力的迁移有利于扩大城市劳动力市场规模和提高城市经济的全要素生产率，其流动带来的净收益非常可观。但也有研究认为移民会带来负面效应，相比较移民的来源地，移民流入国或地区的经济和技术更为发达和先进，移民的进入可能会导致本地劳动力市场上低技能和低效率的生产方式，影响流入地区的技术选择偏向，从而部分抵消迁移对 TFP 产生的积极影响[166]。

主流观点认为国际移民能提高本地区的经济效率，其原因主要有三点：第一，集聚效应。拥有不同技能和文化背景的移民给流入地区带来了新思想，加强了地区经济的活动密度和创新能力，从而提高了 TFP[36]。2011 年哈佛大学格莱泽教授在《城市的胜利》一书中指出，异质性的劳动力在城市集聚，产生思想碰撞，提升了城市的思想创新和技术变革的效率[167]。Akcigit 等[168]利用 1880—1940 年的美国专利数据和人口普查数据，从微观与宏观层面来研究移民与创新之间的关系，研究表明，对于 1880—1940 年移民发明家主导的科技领域，1940—2000 年专利申请和引用更多，这意味着移民加强了流入城市的创新活动，提升城市的经济效率。第二，知识和创新的正外部性。知识和创新不仅能直接提高地区的劳动生产率，而且知识和创新具有正外部性，其产生的溢出效应能够使当地劳动力市场和地区经济发展受益。一项针对中国城镇化和迁移外部性的研究结果表明，假设一定数量的新移民使得流入城市在总就业中所占的份额从中国所有城市分布的前 1/4 上升到后 1/4（或者 1/10），则能够提高 10.0%（或者 33.0%）城市生产率，其中迁移的外部性产生了 2/3 的贡献；如果外来人口在当地就业中取代本地人口保持总就业密度不变，仅通过外部性效应能够使本地人口的生产率增长 6.8%[169]。第三，专业化分工。移民通过改变地区的人力资本分布加强了地区生产的专业化程度，与当地劳动力形成互补，并在一定程度上加强了劳动力市场的竞争性，从而改善经济效率，提高经济的 TFP[130]135,[170]1741。有诸多文献提供经验证据，移民的流入不仅扩大了劳动力市场规模，还加强了城市劳动力市场的异质性，人力资本、工作经验和文化的差异，有助于推动分工与协作，不同技能劳动力之间的互补有助于提升城市经济效率[163]265,[166]34,[171]。以上三种效应并不是独立存在,而是相互补充、相互促进的,客观存在的技能互补性导致了劳动力迁移与人力资本地区集中之间内生性的累积循环,这个循环的动态结果是劳动力持续向人力资本集中地区流动,从而不断为城市经济发展提供动力[62]121-145,[172]。

劳动力流动通过以上三种主要的作用途径提升了城市经济运行的效率,对流入地经济发展产生了深刻的影响,诸多研究也评估了劳动力流动对经济发展的贡献。Mose 和 Letnes[173]的估算结果显示,假设部分消除劳动力流动障碍,实现约30%的净迁移率,将可以创造约55%的GDP,而10%的净迁移则对应22%的GDP,这意味着迁移率增加1个百分点,将创造约2个百分点的GDP,劳动力流动的经济效应十分可观。Walmsley 和 Winters[174]的研究显示,0.8%~1.6%的净迁移率能够带来0.6%~1.2%的GDP收益。通过改革移民政策消除劳动力流动的障碍,将创造巨大的经济价值,该收益甚至高达万亿美元[175]。美国国会预算办公室[165]17在评估《边境安全、经济机会和移民现代化法案》移民法案时指出,扣除改革的成本,新法案将在未来10年间削减财政赤字约2 000亿美元,在未来第二个10年间,创造约7 000亿美元的改革净收益。根据评估结果,此项移民改革在未来10年能够增加3.5%的劳动力规模,0.2%的资本存量,3.3%的实际GDP和0.7%的TFP。国内也有学者对旨在消除劳动力自由流动障碍的户籍制度改革收益进行了估算,结果显示,到2020年,户籍制度改革能够带来超过1万亿元的GDP收益[1]12。

2.3.4 劳动力流动对城市劳动生产率的影响研究

劳动力流动对地区劳动生产率存在直接和间接的影响,已有研究对此进行了诸多讨论,但劳动力流动对地区经济劳动生产率的影响是积极的还是负面的则尚未形成共识。

首先,迁移人口可以被视做人口变量的冲击。在新古典经济增长的理论框架里中,迁移通过增加劳动力的投入,从而导致人均物质资本密度下降,存在资本稀释效应,对长期的平衡增长路径存在负面影响[176,177]。然而,在同一分析框架内,相对于本地劳动力来说,迁移人口主要由经济活动人口构成,其年龄结构更加年轻,迁移人口有更高的储蓄倾向从而导致社会总储蓄的增加,最终会提升流入地的全要素生产率增长[178]。

其次,迁移人口的技能和能力,增加了流入地区的人力资本积累。就目前所知,Dolado et al.[177]193-215首次将迁移的人力资本引入索洛模型,构建了一个包含迁移人力资本的结构模型，并利用该模型分析了1960—1985年23个OECD国家迁移对劳动生产率的效应。在该研究中，尽管作者认为迁移导致的资本稀释效应对接受国的长期经济增长有负面作用，但该效应会被迁移人力资的所带来的正面效应所抵消。考虑到该研究中利用移民来源国的受教育水平作为迁移人口的人力资本代理变量，并且其研究时期在1960—1985年，该时期内移民主要是集中在制造业的低技能迁移人口构成，因此其对人均GDP增长呈现负面效应。同样以OECD国家的移民为研究对象，Ortega和Peri[131]27则得出了相反的结论，后者利用1980—2005年OCED的14个移民接受国和74个流出国的移民数据，实证分析了移民流入对接受国的就业、投资和生产率的影响，研究发现无论在短期还是长期内，移民并没有减少投资密度和TFP，相反移民对接受国的TFP产生了积极影响。导致两者差异的可能原因为研究时期的不同，迁移人口和本地人劳动力的相对技能可能已经发生根本变化。另外，在质量阶梯增长模型中，迁移人口会随着劳动力要素禀赋的差异而随之调整，从而刺激经济增长[179,180]。

再次，劳动力流动影响创新，专业化程度和技术演变路径，从而影响地区经济增长。诸多研究已经将劳动力流动引入内生经济增长模型，其关注点在于移民对接受国地区的技术发展路径的影响，尤其是移民对创新的贡献。拥有不同技能和文化背景的移民给流入地区带来了新思想，异质性的劳动力在城市集聚，产生思想碰撞，提升了城市的思想创新和技术变革的效率，加强了地区经济的活动密度和创新能力，从而提高了经济效率[36]54,[167,181]。Hunt和Gauthierloiselle[182]的研究表明，人口中大学毕业的迁移人口每上升一个百分比，人均专利将上升6%，高技能劳动力的迁移对美国创新和经济效率的提升有积极影响[168]53。与此同时，高技能的劳动力迁移对于接受地区而言，节省了人力资本的前期投入而直接享受高技能人才的额外产出，通过降低科研成本从而促进劳动生产率提升[183]。Walz[184]构建了两个地区关于迁移的内生经济增长模型，研究发现地区经济增长率取决于两个地区最开始的专业化水平，并且倾向于高技能劳动力。但也有研究认为移民会影响流入地区的技术选择偏向，从而带来负面效应，相比移民的来源地，移民流入国或地区的经济和技术更为发达和先进，移民的进入可能会导致本地劳动力市场上低技能和低效率的生产方式，从而部分抵消迁移对劳动生产率产生的积极影响[166]18。一项针对非熟练迁移劳动力的研究表明，相对低技能劳动力的流入会导致较低的经济增长[185]。

最后，劳动力流动通过市场份额影响劳动生产率。劳动力流动不仅通过生产端的要素结构和质量影响经济增长，还通过消费端的市场份额影响劳动生产率。有研究表明，劳动力集聚地区能够提升特定商品的市场份额来促进经济增长。Fujita 和 Thisse[62]121-145利用一般均衡模型推导，从理论上论述了集聚影响经济增长的机制，其中着重分析了劳动力流动通过影响人力资本和产业在空间上的重新配置，从而利用人力资本的创新和溢出效应以及本地市场需求效应（Home Market Effect）促进地区经济增长。赵伟等[95]利用新经济地理模型分析中国异质性劳动力流动对地区经济发展的影响时指出，低技能劳动力产生了本地市场效应，高技能劳动力不仅能够通过本地效应，还能通过知识和创新的外部性提高流入地的劳动生产率。

2.3.5 已有文献评述

本研究主要从产业升级、劳动力流动对产业升级的作用机制以及劳动力流动对产业升级影响的国内外相关研究三大方面对目前已有的文献进行回顾和梳理，这些不完全的文献回顾为本研究中国迁移劳动力和产业升级的相关问题提供了丰富的研究视角和参考。但现有研究仍然存在待完善之处：

第一，通过上述国际和国内学者对产业升级概念和内涵的阐述，可以发现国内外研究主要是从企业和产品的角度和行业（主要是制造业和高技术企业）的结构变化角度量大方面来对产业升级进行描述，产业升级是从低附加值、劳动密集向高附加值、资本技术密集型转变，在全球产业价值链上占据竞争优势的过程。国内已有研究对产业升级的分析绝大多数采用一二三产业分类的相关指标，例如一二三产业产值结构、就业结构的变动等指标。然而，产业升级的内涵不仅体现在第二三产业在经济产出就业方面占比的提高，也不仅体现在低附加值和低技术产业向高附加值和高技术行业的转变，更体现在整体经济的经济效率和劳动生产率的提高。产业升级的本质是以更有效率的生产方式安排经济生产活动，以最小的投入得到最大的产出。在已有研究中，认为产业升级的经济指标最终体现为生产效率和劳动生产率的提升，但少有研究明确将生产效率和劳动生产率的提升这两者提升纳入产业升级的内涵中，并进行实证分析，国内关于此方面的研究尤显不足，这是本书研究的出发点。

第二，关于劳动力流动对城市劳动力市场影响的相关研究观点存在较大分歧，国内研究受限于数据样本的缺陷和研究方法的不足，其结果的可靠性和稳健性还有待验证。从国内外相关研究劳动力流动对产业升级的影响来看，关于劳动力流动如何影响产业升级这一研究问题的探讨尤显不足。已有的少数研究表明，劳动力流动更多是和产业转移联系在一起，但劳动力作为需求和人力资本的载体，其流动必然关系到地区的经济发展和产业变迁的发展方向和趋势，现实中却缺乏直接经验证据分析这一重要问题。如前所述，欧美发达国家利用长时期的全国代表性人口普查数据和劳动力市场调查数据考察国际移民对经济效率和经济发展影响的研究比较丰富，但将这两者纳入产业升级分析框架中的研究较为少见，相关研究也并未形成共识，国内研究较少利用跨期人口普查数据对该问题进行实证分析，并且相关研究层次主要集中在国家和州级层面，缺乏城市视角的分析。尽管前文总结和归纳劳动力流动对产业升级可能的作用机制，但已有研究也仅限于定性分析和推论，利用经验数据定量验证相关作用机制的研究还有待填充，这也为本书的研究提供了突破口。

第三，在样本研究方面，已有文献对于劳动力流动对劳动劳动力市场和经济发展的探讨主要集中在国际移民方面，其研究对象主要以美国和欧洲这样的移民国家为主，对像中国这样面临经济转型的发展中国家内部劳动力流动经济影响的研究比较少见。由于中国户籍制度改革的逐步推进，迁移人口已经成为劳动力市场的重要组成部分。并且，随着中国经济从城乡二元结构转向城乡一体化发展阶段，流动人口这一群体的人口特征和人力资本已经发生了巨大改变，其对中国经济发展的含义和角色正在发生变化。在劳动力无限供给的背景下，已有研究主要集中分析劳动力流动对中国经济配置效率提升的贡献，但随着人口红利的逐渐消失，劳动力流动对产业升级和经济转型的影响及作用途径是否存在变化呢？中国经济还能从传统的增长源泉中获得发展驱动力吗？对该问题的回答关系到户籍改革和市民化的方向选择，有着重要的理论和政策意义。相关研究对此的探讨明显不足，正是本研究的重点关注内容。

2.4 劳动力流动对产业升级的作用机制

根据以上的文献回顾和评述，本研究归纳出劳动力流动对劳动力市场的影响以及劳动力流动作用于产业升级的机制，具体如图2-1所示，后续的主要研究也由此展开。

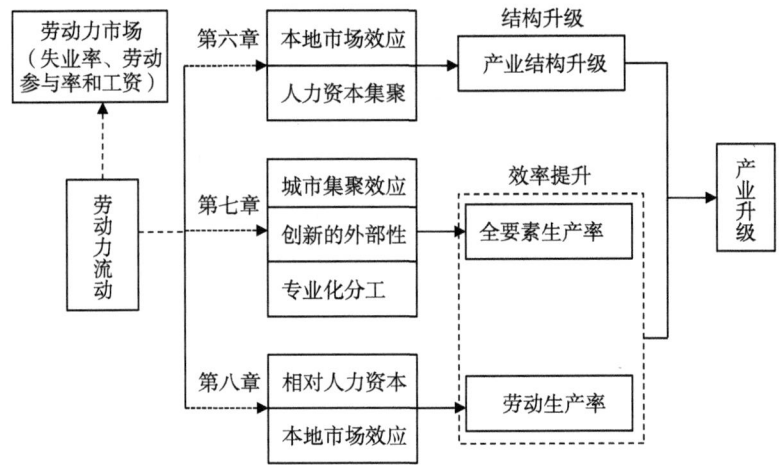

图 2-1 劳动力流动对产业升级的作用机制

第 3 章　中国劳动力流动的演变及其特征

城市主要是由人口在空间地理上集聚形成的，改革开放以来，中国的城市经济发展伴随着大量的人口迁移。根据中国历届人口普查的数据，中国的流动人口规模从 1982 年的 657 万人上升到 2015 年的 2.46 亿人，从占人口总规模的 0.66%到 17.91%。随着经济发展进入新常态，流动人口规模有轻微下降，趋于稳定。根据《2017 年国民经济和社会发展统计公报》，2017 年的流动人口规模为 2.44 亿。按照《国家新型城镇化规划 2020》进程，到 2020 年，中国仍有 2 亿以上的流动人口，这说明未来劳动力流动将会是社会经济发展的一种常态。那么，中国的流动人口是如何发展的呢？本节将对中国劳动力流动的历史政策背景进行详细阐述，在此基础上，从总体层面和城市层面两个层次对劳动力流动的结构特征进行深入分析。

本部分结构安排如下，首先在分析劳动力流动的阶段性特征的基础上，对劳动力流动的数据来源、范围界定进行详细的阐述。其次，本部分将进一步系统而全面地分析 1990—2015 年城市（市辖区口径）的劳动力流动的相关特征。最后，对本部分内容做一个小结。

3.1　中国劳动力流动的政策背景和阶段性特征

中国劳动力流动的过程实际上受国家政策和体制的影响非常深[186]。1978 年改革开放以前，中国实行严格控制的劳动力迁移政策，严格控制人口流动，尤其是农村人口向城镇的流动。改革开放以后，家庭联产承包责任制的实行提高了农业生产率，使农村产生了大量剩余劳动力。随着城镇经济体制改革的逐步推进，就业政策逐渐松动，因此，城镇经济具备了吸纳农村剩余劳动力的条件，这也使农村劳动力向城市流动成为了一种普遍现象。伴随着城市经济的发展和城镇劳动力市场的波动，中国的劳动力迁移政策经历了从紧到松、从无序到规范、由歧视到公平的过程，按照时间顺序可以划分为以下几个阶段[187]。

1978—1983 年：控制迁移阶段。该阶段处于改革开放初期，农村劳动力迁移受到严格限制的状态并没有得到根本性改变[186]55。由于国内粮食和农副产品供应不足，大量知青返城加大了城市就业压力，加上长期以来户籍制度导致的"城乡隔离"惯性，政府一方面放松限制城镇职工的流动，另一方面加强限制农村劳动力的迁移。在该时期内，实行的劳动力迁移政策主要包括：加强了户口和粮食管理，严格控制从农村招工、清退来自农村的计划外用工、农业剩余劳动力就地安置等。

1984—1988 年：允许迁移阶段。在该阶段，农村改革使得粮食供应大幅增加，经济体制的改革使得城市产生了对农村劳动力的大量需求，加之国家开始逐渐消除劳动力流动的体制性障碍，允许农村劳动力向城市迁移。1984 年，中共中央颁布了《关于 1984 年农村工作的通知》，该文件明确指出"允许务工、经商、办服务业的农民自理口粮到集镇落户"，该政策的实施是国家对于农村劳动力流动政策转变的一个标志，表明了实行 30 年的限制城乡人口流动的就业管理制度开始松动[187]。之后，政府按照"东西联合，城乡结合，定点挂钩，长期协作"的原则，组织劳动力跨地区流动，连续颁布了一系列政策鼓励劳动力流动，加快了中国农村劳动力的流动和转移速度。

1989—1991 年：控制盲目迁移阶段。这一时期，由于上一阶段实行鼓励迁移的政策使得城市农民工数量过快增长，大规模迁移对城市交通运输和社会治安等方面产生了负面影响；加上整顿经济秩序使得城市新增就业岗位和机会减少，政府开始加强对盲目迁移的管理。该阶段主要实施的政策措施有：严格控制农民工盲目外流和"农转非"过快增长，建立临时务工许可证和就业登记制度，实行计划指标管理，重点清退来自农村地区的计划外用工等。

1992—2000 年：规范迁移阶段。在该时期，由于经济的进一步发展，劳动力流动政策开始转变为鼓励、引导和宏观调控下的有序迁移。1994 年，对农村劳动力跨地区流动，开始实施以就业证卡管理为中心的就业制度；1995 年，确定了"因势利导，宏观控制，加强管理，兴利除弊"的流动人口管理指导思想。主要措施包括：建立了一系列关于农村流动劳动力的用工管理和监察制度以及劳动力市场规范等规章；鼓励农村富余劳动力就地、就近转移和就业；鼓励地区间的劳动协作等。值得指出的是，1998 年，由于城市体制改革打破了传统统包统配的就业政策，使得城市下岗职工大量增加，实施再就业工程成为各级政府的重点工作，北京、上海等省市出台了许多规定和政策限制农村劳动力进城和务工。

2000—2007年：公平迁移阶段。从2000年下半年开始，国家对于迁移农民工的劳动力就业政策变得积极：一是取消对农民进城就业的各种不合理限制，逐渐实现城乡劳动力市场一体化；二是积极推进涉及劳动力流动的就业、社会保障、户籍等诸多方面的配套改革。主要政策措施包括：对农民进城务工，提出"公平对待，合理引导，完善管理，搞好服务"的新十六字方针；取消对农村劳动力进入城镇就业的不合理限制，与城镇居民同等待遇；解决农民工工资偏低和拖欠问题以及社会保障问题，进一步健全和维护农民工权益保障机制等。在该阶段，政府逐渐改革城乡分割体制，加快推进城乡劳动力市场一体化过程，逐渐为流动劳动力尤其是农村流动劳动力创造公平的竞争环境，农村劳动力的迁移进入了一个新的快速发展阶段。

2007年至今：鼓励迁移和推进市民化阶段。该阶段，城镇化逐步推进。随着人口红利的消失，城镇劳动力供给逐渐偏紧，政府对于流动人口的政策变得更为积极，主要表现在政府进一步推进户籍制度改革，逐渐消除人口流动的限制，鼓励外来人口在城市就业，为流动人口提供均等化社会保障服务，推动流动人口市民化进程。主要措施有：落实放宽户口迁移政策，按城市规模采取不同政策；加快实施统一规范的城乡社会保障制度等；建立农业转移人口市民化奖励机制等。2016年10月，国务院办公厅出台了《推动1亿非户籍人口在城市落户方案》，方案明确指出进一步拓宽落户通道，制定实施配套政策，强化监测检查。这些政策的出台主要有三个背景：一是城镇化的要求，城镇化对劳动力产生了大量需求；二是城镇人口处于低生育水平，城镇劳动力年龄结构逐渐老化导致城镇劳动力供应偏紧；三是各级政府观念的改变。经济发展较快的地区主要是人口净流入地区，城市管理者不再将流动人口视为城市经济发展的负担，而是逐渐认识到流动人口的价值，逐渐出台吸引人才流入的政策和措施。

图3-1展示的是从1982年以来历届人口普查和1%人口抽样调查数据统计的中国流动人口规模及其占全国人口的比重。根据图3-1可以发现，从1982—2017年，中国的流动人口规模总体呈现大幅上涨的趋势，但在这一时期，政府根据不同经济发展阶段的实际和要求，对流动人口的政策进行了相应调整，政策演变经历了改革开放初期的严格控制到如今的逐渐鼓励市民化，与此相对应的是流动人口数量增长及其增长速度，这也体现了不同阶段政策的影响力度及作用效果。根据1982—2017年的流动人口数据及特点，划分为以下几个阶段。

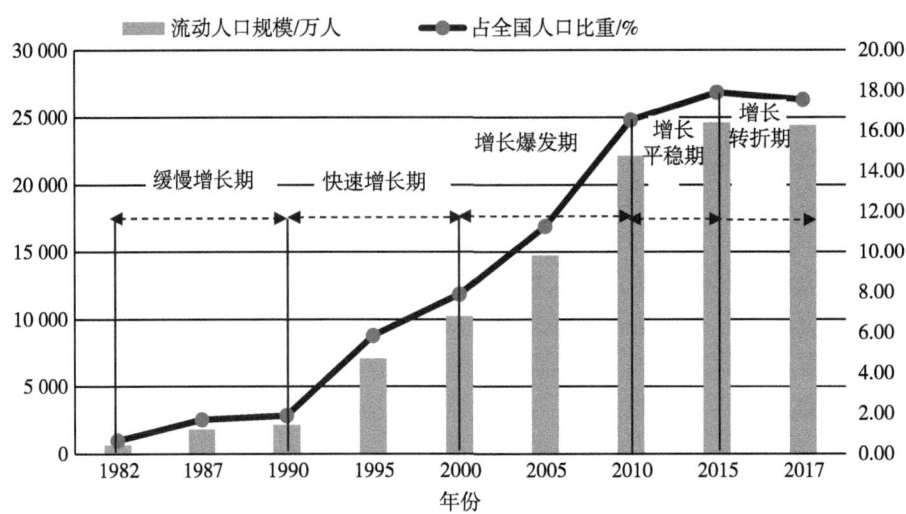

图 3-1 中国流动人口规模及其占全国人口比重

注：流动人口指居住地与户口登记地所在的乡镇街道不一致且离开户口登记地半年及以上的人口（不包括市辖区内人户分离人口）。

（数据来源：1982—2015 年数据根据历次全国人口普查和 1% 人口抽样调查数据计算得到。2017 年数据根据 2017 年《国民经济和社会发展统计公报》计算得到）

1982—1990 年为流动人口缓慢增长期。该时期初期实行的是控制迁移的人口政策，中期实行的是允许迁移的政策，后期实行的是控制盲目迁移的政策，流动人口政策总体呈现的是有条件的限制状态，因此流动人口数量呈现缓慢增长状态。根据 1982—1990 的人口普查数据统计显示，该时期内流动人口数量从 1982 年的 657 万增长到 1990 年的 2 135 万，年均增速为 15.88%，流动人口占总人口的比重也从 0.66% 增长到 1.69%。受政策变化的影响，在该阶段内，前期（1982—1987 年）人口增长较快，年均增速高达 22.47%，后期（1987—1990 年）增速放缓，年均增速为 5.66%。

1990—2000 年为流动人口快速增长期。由于该时期内施行的流动人口政策是鼓励、引导和实现宏观调控下的有序迁移，加上经济体制改革，使得城镇经济产生了对劳动力的需求激增，使得农村流动劳动力开始大规模向城市迁移，流动人口呈现快速增长的趋势。数据表明，流动人口数量从 1990 年的 2 135 万增长到 2000 年的 10 229 万，年均增长速度高达 16.96%。受积极的流动人口政策影响，该阶段的人口开始了长达十年、年均增速保持将近 17% 的人口增长速度，流动人口占总体人口的比重也从 1990 年的 1.69% 上升到 2000 年的 7.90%。前半期（1990—1995 年）的流动人口增长速度增长较快,年均增速高达 27.07%,后半期由于国企改革产生了大量城市失业人员,很多城市为缓解就业压力实行了许多限制农村人口流动和就业的政策,导致流动人口增长速度放缓,1995—2000 年的年均增速下降到 7.66%。总而言之,在该阶段内,流动人口的绝对数量和增长速度均保持了一个较快增长的趋势。

2000—2010 年为流动人口增长爆发期。在该时期内,政府按照"公平对待,合理引导,完善管理,搞好服务"方针,逐渐取消限制劳动力流动的不合理政策,并逐渐实施政策保障流动人口的权益,推动城乡劳动力市场一体化建设,为流动人口创造了公平的环境,因此,该时期内流动人口的增长加速,呈现爆发的趋势。数据显示,流动人口数量从 2000 年 10 229 万增长到了 2010 年 22 143 万,人口绝对量增长了一倍多,年均增长率为 8.03%。在该阶段的前半期(2000—2005 年),流动人口年均增长速度为 7.57%,后半期(2005—2010 年)的流动人口年均增长速度为 8.49%。

2010—2015 年为流动人口增长平稳期。在该时期内,户籍制度改革进一步推进,政府进一步出台各种积极政策鼓励市民化,但是由于经济发展发展速度变缓,同时国家加大了对农村的建设和投入,鼓励和扶持农民工返乡创业和农民就地就近创业,加上农村转移人口的空间和余地逐渐缩小,虽然流动人口规模仍然增长,但增速变得平缓。在该阶段内,流动人口数量从 2010 年的 22 143 万增长到 2015 年的 24 597 万,绝对数量增加了 2 454 万,年均增长率下降至 2.12%。

2015—至今为流动人口增长转折期。在该时期内,流动人口的增长趋势出现了转折,由增长转变为下降,其原因主要是受户籍制度改革的影响,部分流动人口得以在流入地落户,转化为新市民。从 2015 年至 2017 年,流动人口总量减少了 197 万。该阶段数据表明,随着市民化的推进,流动人口的规模呈现下降趋势,但是流动人口在未来一段时期内还将持续在城市劳动力市场活跃。

3.2 中国流动人口的结构特征

改革开放以来,中国流动人口政策的变迁深入影响了中国劳动力流动过程,因此不同期间的流动劳动力也呈现出不同的结构特征和变化趋势。本节将以国家统计局公布的 1990 年、2000 年和 2010 年三次人口普查的公开数据为基础,对全国和省级层面对迁移人口的迁入地类型、年龄分布、受教育水平、职业分布和迁移原因五大方面进行深入分析,从而能在宏观上把握中国流动劳动力的结构特征,概括劳动力流动的总体特征,为后续研究打好基础。

第一,迁移人口总量巨大,并且随时间发展呈现快速上涨趋势,迁移人口主要以省内迁移为主,并且呈现向城市和东部地区集聚的趋势。根据表3-1,可以发现,将流动人口按照省内迁移和省外迁移分类,迁移人口主要以省内迁移人口为主,三次人口普查中省内迁移人口占比均超过2/3,跨省迁移人口占比在1/3左右,尽管在2000年,省内迁移人口的比例相比1990年上升了将近6%,但是在2010年,又下降到67%左右。将迁移人口的迁入地按照城市、镇和乡村进行分类,可以发现,在1990年,无论是省内迁移人口还是跨省迁移人口,其主要目的地均为乡村,分别占比63.29%和60.61%,城市迁移人口占比较低,分比为15.64%和25.40%,而经过了20年的发展,形势发生了逆转,到2010年,无论是省内迁移人口还是跨省迁移人口,其主要目的地均为城市,分别占比64.34%和67.69%,乡镇的比例在下降,流动人口呈现出向城市集聚的状态。根据普查数据,将省份按照东中西进行分类对迁移人口的迁入地进行分析,统计分析表明,1990年有43.29%的迁移人口流入了东部地区,中部地区和西部地区分别占比32.25%和24.46%,而到2010年,东部地区的流动人口占总流动人口的比例为56.58%,而中部地区和西部地区占比分别为24.19%和19.23%,东部地区的迁移人口比例逐渐上升,中西部的则呈下降趋势,表明东部省份等经济较为发达省份的流动人口集聚度在逐渐提高,表明了经济发展和劳动力流动之间存在明显的相关性。

表3-1 1990—2010年三次人口普查中迁移人口的迁入地类型分析　　单位:%

地区	1990年	2000年	2010年
全国/万人	3 379.891	12 648.01	25 003.67
省内迁移比重	67.54	73.33	66.94
城市	15.64	37.46	64.34
镇	21.08	36.03	23.84
乡村	63.29	26.51	11.82
外省迁移比重	32.46	26.67	33.06
城市	25.40	15.03	67.69
镇	14.00	7.62	15.70
乡村	60.61	39.44	16.60

(续表)

地区	1990年	2000年	2010年
东部地区	43.29	54.71	56.58
中部地区	32.25	25.07	24.19
西部地区	24.46	20.22	19.23

注：数据根据国家统计局1990年至2010年三次人口普查公布数据计算得到。其中，东部地区包括北京、天津、河北、辽宁、山东、江苏、上海、浙江、福建、广东和海南；中部地区包括山西、内蒙古、吉林、黑龙江、安徽、江西、河南、湖北和湖南；西部地区包括陕西、甘肃、青海、宁夏、新疆、四川、重庆、云南、贵州、广西和西藏，后文如无特殊说明，均按照此分类标准划分。

第二，迁移人口主要以劳动力流动为主，但流动人口的年龄分布逐渐呈现老龄化趋势。由表3-2可见，1990年，0~14岁的流动人口占总流动人口的比例为36.54%，然后呈现逐渐下降趋势，到2010年的占比下降到10.73%。流动人口的主体一直以在劳动力群体为主（15~64岁），其占比从1990年到2010年的60.80%上升到85.50%，但在该群体内部，其年龄分布逐渐老龄化。统计结果表明，15~24岁这一阶段的人口比例并没有发生大的变动，但24~40岁这一阶段比例从1990年的23.05%上升到2000年36.30%，之后逐渐下降到2010年的33.11%，值得注意的是，40~60岁这一阶段的比例从1990年的9.10%上涨到2010年23.38%，劳动力群体中的中老年群体的比例呈现上升趋势。60岁以上的流动人口比例虽然占比较低，但也从1990年的3.92%上涨到2010年的6.06%，考虑到流动人口的庞大规模，这一流动群体的数量也不容忽视。

表3-2　1990—2010年三次人口普查迁移人口的年龄阶段分布　单位：%

迁移人口年龄阶段	1990年	2000年	2010年
0~14岁	36.54	17.90	10.73
15~24岁	27.39	23.85	26.72
24~40岁	23.05	36.30	33.11
40~60岁	9.10	16.09	23.38
60~64岁	1.26	2.08	2.29
64岁以上	2.66	3.78	3.77

注：2010年数据根据国家统计局人口普查数据统计得到；1990年和2000年数据根据国家统计局微观样本数据库统计得到（基于同一口径）。

第三，迁移人口的受教育水平呈现上升趋势，并且呈"纺锤形"分布，即受教育水平较低和较高的比例较低，迁移人口的受教育水平主要集中在小学和初中阶段。根据统计数据，1990年，迁移人口的受教育水平为不识字或识字很少的比例为8.37%，小学和初中的比例占到60%左右，高中和中专的占比在20%左右，大专和本科的比例约10%；2000年，不识字的比例下降到3.55%，小学的比例呈现下降趋势，初中、高中、中专以及大专的比例均呈现上升趋势，其中，小学和初中的占比为57.56%，而高中和中专的占比约为25%，大专和本科及以上的占比为13.73%；2010年，不识字和小学的占比呈现下降趋势，初中以上受教育水平的群体比例均呈现上升趋势，小学和初中的比例为57.34%，高中的比例为22.66%，大专及以上受教育水平比例为18.08%。随着时间的推移，迁移人口的受教育水平呈现逐年上升的趋势，从1990年的以小学和初中为主逐渐过渡到2010年的以初中和高中为主，并且大专及以上受教育水平的人群比例在不断上升，表明流动人口的人力资本水平在不断增长（表3-3）。

表3-3 1990—2010年三次人口普查中迁移人口的教育水平分布

单位：万人

年份		不识字	小学	初中	高中	中专	大专	本科	研究生	总计
1990	人口数	282.84	876.28	1 177.32	408.47	282.95	155.76	196.27	—	3 379.89
	占比	8.37%	25.93%	34.83%	12.09%	8.37%	4.61%	5.81%	—	100%
2000	人口数	449.19	2 447.19	4 832.89	1 802.07	1 327.71	1 016.88	724.79	47.29	12 648.01
	占比	3.55%	19.35%	38.21%	14.25%	10.50%	8.04%	5.73%	0.37%	100%
2010	人口数	479.07	4 092.74	10 244.94	5 666.62	—	2 481.95	1 883.09	155.27	25 003.67
	占比	1.92%	16.37%	40.97%	22.66%	—	9.93%	7.53%	0.62%	100%

注：数据根据国家统计局1990—2010年三次人口普查公布数据计算得到；其中，"不识字"分组数据中2010年的统计数据是"不识字"和"扫盲班"两组数据合并得到；"-"表示无统计数据；表中绝对数为人口数量（万人）。

第四，迁移人口的就业主要集中在"生产、运输设备操作人员及有关人员"上，在其他职业分类上的分布则从第一产业转移到第三产业上，并且中东部地区之间呈现不同趋势。由表3-4可以发现，按全国的总体统计，1990年，占比超过10%的职业主要为"生产、运输设备操作人员及有关人员""农林牧渔、水利业生产人员""商业、服务业人员"和"专业技术人员"，这四类的占比超过92.42%，其中，"农林牧渔、水利业生产人员"所占比例较高，为24.29%；2000年，占比超过10%的职业依然为以上四类，四类占比为89.56%。值得注意的是，其中"农林牧渔、水利业生产人员"和"商业、服务业人员"占比发生了逆转，前者的比例呈下降趋势，而后者的比例则呈上升趋势；到2010年，占比超过10%的职业为"生产、运输设备操作人员及有关人员""商业、服务业人员"和"专业技术人员",三类职业的迁移人员占总迁移人口的比例为82.90%。对比三次人口普查的数据,对于迁移人口来说,其从事职业中占比最高的一直为"生产、运输设备操作人员及有关人员",占总迁移人口的比例一直保持在40%左右,从事"农林牧渔、水利业生产人员"的比例从1990年的24.29%下降到2010年的6.21%,呈现下降趋势;而从事"商业、服务业人员"从1990年的14.16%上升到2010年的31.28%,呈上升趋势,"专业技术人员"的比例则相对稳定,在11%左右,其他分类的职业占比则相对变化不大,以上分析表明,经过20年的发展,迁移人口的从事职业主要集中在制造业,并且呈现从第一产业向第三产业的转变。对比东中西部地区的职业分类可以发现,东部地区从事"生产、运输设备操作人员及有关人员"比例一直很高,其占比在46.51%~49.66%,而中西部的占比则相对较低;东部从事"农林牧渔、水利业生产人员"比例较低,并且呈下降趋势,而中西部而占比相对比例则相对较高,下降趋势较为平缓;东中西部地区从事"商业、服务业人员"的比例均呈上升趋势,但东部地区占比则一直低于中西部地区。

表3-4 1990—2010年三次人口普查中迁移人口的职业分类 单位:%

年份	地区	总数/万人	1类	2类	3类	4类	5类	6类	7类
1990	全国	2 179.98	2.05	10.95	5.32	14.16	24.29	43.02	0.21
	东部	1 015.06	1.97	10.12	5.05	13.84	20.25	48.62	0.15
	中部	645.50	2.22	11.22	5.27	14.34	27.50	39.14	0.31
	西部	519.41	2.01	12.23	5.90	14.57	28.18	36.89	0.22
2000	全国	7 966.59	3.16	11.76	7.16	22.29	15.93	39.58	0.12
	东部	4 708.51	2.93	10.29	6.96	20.91	9.19	49.66	0.06
	中部	1 707.71	3.89	14.46	7.86	24.09	23.78	25.67	0.25
	西部	1 550.37	3.07	13.23	6.99	24.49	27.73	24.29	0.20
2010	全国	14 370.91	3.37	10.98	7.37	31.28	6.21	40.64	0.15
	东部	9 430.98	3.39	10.05	7.47	28.49	3.99	46.51	0.10
	中部	2 804.14	3.42	13.16	7.32	36.27	9.77	29.81	0.25
	西部	2 135.80	3.24	12.21	6.97	37.06	11.35	28.95	0.22

注:数据根据1990年、2000年和2010年三次人口普查公布的统计数据整理,其中,1990年的"商业、服务业人员"是根据"商业从业人员"和"服务业人员"合并得到。其中,1类指的是"国家机关、党群组织、企业、事业单位负责人",2类指的是"专业技术人员",3类指的是"办事人员和有关人员",4类指的是"商业、服务业人员",5类指的是"农林牧渔、水利业生产人员",6类指的是"生产、运输设备操作人员及有关人员",7类指的是"其他从业人员"。

第五,流动人口的主要迁移原因是"务工经商"和"随迁家属"等。

1990—2010 年,"务工经商"是迁移人口的首要原因,其次比较主要的几个原因分别为"婚姻迁入""随迁家属""学习培训"等,可见改善经济条件是人口流动的最主要动力。根据表 3-5,1990 年,"务工经商""婚姻迁入"和"学习培训"是迁移原因中前三的原因,占比将近 51.20%;另外,"随迁家属"和"工作调动"也占据了将近 22%的比例。而 2000 年,"务工经商""拆迁搬家"和"随迁家属"则是排名前三的原因,三者占比为58.10%,"婚姻迁入""学习培训"的占比也都超过了 11%。2010 年,排名前三的迁移原因分别为"务工经商""随迁家属"和"学习培训",三者占比 70.71%,其他原因所占的比例则相对较小。对比三次普查数据,迁移原因中最主要的是"务工经商",并且其比例从 1990 年的 25.12%上升到 45.12%,表明经济原因是迁移的最主要动力。其次,"随迁家属"这一迁移原因的占比也比较高,这与当前中国流动人口呈现的家庭化流动趋势一致[157]。

表 3-5 1990—2010 年三次人口普查中迁移人口的迁移原因分类 单位:%

年份	地区	总计/万人	占比							
			工作调动	分配录用	务工经商	学习培训	投亲靠友	随迁家属	婚姻迁入	退休退职	其他
1990	全国	3 409.11	11.87	6.03	25.12	12.14	9.84	10.44	13.94	1.56	9.06
	东部	1 577.42	11.44	5.97	32.01	11.05	8.33	9.58	13.13	1.44	7.05
	中部	1 101.06	11.24	6.08	18.68	13.43	11.35	12.11	14.25	1.30	11.55
	西部	730.63	13.75	6.07	19.93	12.55	10.85	9.75	15.24	2.22	9.64

年份	地区	总计/万人	工作调动	分配录用	务工经商	学习培训	投亲靠友	随迁家属	婚姻迁入	拆迁搬家	其他
2000	全国	12 466.25	4.28	3.11	30.73	11.66	5.03	12.85	12.02	14.52	5.80

年份	地区	总计/万人	工作调动	务工经商	学习培训	投亲靠友	随迁家属	婚姻迁入	拆迁搬家	寄挂户口	其他
2010	全国	26 093.79	3.85	45.12	11.42	4.21	14.17	4.83	9.30	0.72	6.39
	东部	14 729.38	3.11	53.92	8.20	4.03	11.89	4.03	9.25	0.79	4.78
	中部	6 327.16	4.51	30.46	16.43	4.08	18.24	5.84	10.72	0.74	8.98
	西部	5 037.26	5.20	37.77	14.53	4.93	15.73	5.89	7.67	0.46	7.83

注:数据根据 1990 年、2000 年和 2010 年三次人口普查公布的统计数据整理,其中,2000 年因为并没有公布分省数据,故无法统计东中西部地区数据。

值得一提的是,在迁移原因分类中,1990 年和 2000 年有"分配录用"这一项,而在 2010 年的统计中则取消了这一项,主要原因在于 1998 年的就业体系改革,取消了"就业包分配"的就业政策,实现了毕业生自由择业的权利。而且,在三次普查中,迁移原因中的"学习培训"占比一直保持在11.42%~12.14%，表明人力资本的投资也是流动人口迁移的一个重要原因，而这可能对流入城市的经济造成影响。根据1990年和2010年的数据，按照东中西部地区的分类来看，"务工经商"这一原因的占比三类地区均呈现提高的趋势，但是东部地区的提升速度远比中西部地区的要快，表明经济发达的地区相对于欠发达地区，迁移劳动力的经济活跃程度要高。

3.3 中国城市劳动力流动的结构特征

本节将以地级市及以上城市的"市辖区"为统计口径，观察地级市城市劳动力流动的基本特征。之所以选择地级市的"市辖区"这一统计口径，主要的原因有以下两种：一是地级市的地理单元相较于省级单元，更能精确地捕捉劳动力流动的内在特征，从而补充省级地理单元研究因为平均而忽略的一些特质；二是因为城市经济活动主要集中在"市辖区"范围内，从该视角出发更有利于把握劳动力流动和经济发展、产业升级之间的内在联系。

本节劳动力流动数据来源于1990年、2000年和2010年人口普查微观数据，2005年和2015年1%人口抽样调查微观数据，按照城市代码和地名生成城市"市辖区"层面的相关劳动力数据，并同时按照相同口径生成劳动力流动数据。后文如无特殊说明，城市指的均为"市辖区"统计口径的城市。其中，流动劳动力指的是离开户籍登记地6个月以上的15~64岁的具有劳动能力的人。由于本研究主要关注的是劳动力流动对城市劳动力市场和产业升级的影响，因此，研究对象不包括非劳动力，主要以迁移劳动力占城市总就业的比例为主（简称就业迁移率）。以下将从1990—2015年迁移就业比例及分布、年龄分布和人力资本分布三大方面着手，分析城市层面迁移劳动力的基本特征。

3.3.1 迁移就业劳动力的比例变化

根据表3-6，1990—2010年城市的迁移就业人口比例呈现上升趋势。在1990—2000年，城市的平均就业迁移率从1990年的7.47%上升到27.18%，增长了19.71个百分点；而2000—2005年，城市平均就业迁移率只增长了1.55个百分点；2005—2010年，城市平均就业迁移率从2005年的28.73%上涨到39.54%，增长了10.81个百分点。2015年受限于数据可获得性，表中列出的是迁移人口占全市总常住人口的比重，迁移人口的比例为21.06%，尽管该数值并没有反映城市市辖区的平均就业迁移率，但是从总体的迁移率发展趋势得到推论，2015年城市平均就业迁移率大概在40%以上。2015年，中国总体的劳动参与率为0.7左右，而在迁移人口中，迁移劳动力占总迁移人口的比例为0.85，而2010—2015年的家庭化迁移趋势增强，因此假设2015年的迁移劳动力劳动参与率为0.7，可以计算2015年城市平均就业迁移率在42.98%左右。以上的分析表明，迁移劳动力已经成为城市劳动力市场的重要部分，成为新增劳动力的主要来源。

表3-6　1990—2015年城市迁移劳动力占总就业的平均比重

年份	平均值/%	标准差	样本值
1990	7.47	9.03	163
2000	27.18	12.78	262
2005	28.73	14.32	287
2010	39.54	12.38	287
2015	21.06	15.67	288

注：其中，2015年的数据为城市总的迁移人口的比重（非市辖区口径），因此数据趋势发生较大变化，在此列出仅作为参考。

根据表3-7，1990—2015年，迁移人口比例较高的城市数量在不断增长。城市就业迁移率分为四个等级：10%以下的为低活跃地区，10%～20%的为中等活跃地区，20%～50%为较高活跃地区，50%以上的为高活跃地区。根据统计结果，1990年，低活跃地区的城市有128个，占城市总数量的78.53%，占据主流地位；而中等活跃地区的城市和较高活跃地区的城市则分别为24个和10个，迁移率在50%以上的地区仅有1个。以上分析表明：20世纪90年代初，劳动力流动并不活跃，流动劳动力仅是城市劳动力市场的补充。但随着劳动力流动障碍的进一步拆除，城市中劳动力流动逐渐活跃起来。2000年，较高活跃地区的城市有169个，占城市总量的64.50%，占据了主流地位，而低活跃地区的城市数据骤减为9个，中等活跃地区的城市数量较1990年则增加到72个，而高活跃地区的城市数量也从1个增加到12个，表明在该时间段内，劳动力的流动逐渐活跃。导致该现象的原因主要有两点：一是改革开放带来的经济增长，使城镇部门对农村的劳动力产生了大量需求；二是户籍制度的改革进一步解除了劳动力流动的束缚。2005年和2010年，较高活跃地区的城市数量分别为188个和223个，分别占相应年份城市总量的65.51%和77.4%，仍然占据主流地位，但较活跃地区的城市占比在提高，低活跃地区和中等活跃地区的城市数量和所占比例呈现下降的趋势，高活跃地区的城市数量则上涨到 22 个和 56 个，以上趋势表明，随着时间的推移，劳动力流动越来越活跃，流动劳动力逐渐成为城市劳动力市场的重要组成部分。

表 3-7　1990—2010 年按不同层次迁移率划分的城市数量　　　　单位：个

年份	低活跃地区	中等活跃地区	较高活跃地区	高活跃地区	总计
1990 年	128	24	10	1	163
2000 年	9	72	169	12	262
2005 年	15	63	188	22	287
2010 年	0	9	223	56	288

注：受限于数据可获得性，无法按照同一口径获得 2015 年城市统计数据，故暂不在本表中列出。

对就业迁移率大于 50% 的城市进行统计，可以发现其主要集中在东部沿海等经济发达地区。根据表 3-8，1990 年就业迁移率超过 50% 的城市只有深圳，这也不难理解，深圳是中国设立的第一个经济特区，在改革开放的前期，深圳的劳动力就业市场基本是由迁移人口组成的。到 2000 年，就业迁移率超过 50% 的城市数量增加到 12 个，除昆明、拉萨和温州外，其他城市主要分布在广东、福建等沿海开放地区。到 2005 年，就业迁移率超过 50% 的城市数量增加到 22 个，除北京、鄂尔多斯、巴彦淖尔、宜宾和昆明外，其他 17 个城市主要集中在上海、广东、福建和浙江等地区，迁移劳动力主要还是集中在沿海开放城市。到 2010 年，就业迁移率超过 50% 的城市数量则高达 56 个，在原有沿海开放城市的基础上则扩张到中西部地区，但是与沿海城市"遍地开花"形式不同的是，中西部地区的就业迁移率较高的城市则主要集中在省会城市和副省级城市等经济较为发达的地区，这意味着迁移人口的集中度与地区经济发展之间存在内在的相关性。

表 3-8　1990—2010 年迁移率大于 50% 的城市统计　　　　单位：%

1990 年		2000 年		2005 年		2010 年					
城市	占比	城市	占比	城市	占比	城市	占比	城市	占比	城市	占比
深圳	74.30	深圳	91.00	东莞	91.50	深圳	88.27	金华	58.29	武汉	51.88
		东莞	83.00	深圳	89.40	东莞	83.30	泉州	58.27	太原	51.71
		拉萨	71.30	惠州	76.30	鄂尔多斯	77.14	宁波	57.55	六盘水	51.51
		惠州	70.70	泉州	70.60	惠州	74.24	杭州	56.81	朔州	51.36

(续表)

1990年		2000年		2005年		2010年					
城市	占比	城市	占比	城市	占比	城市	占比	城市	占比	城市	占比
		珠海	68.20	中山	68.00	温州	68.65	台州	56.66	三明	51.33
		昆明	61.80	珠海	66.20	珠海	68.39	乌鲁木齐	55.78	赤峰	51.20
		温州	61.40	温州	64.00	厦门	68.07	成都	55.62	南宁	50.72
		厦门	61.40	厦门	63.80	榆林	65.58	包头	55.33	常州	50.38
		佛山	60.20	广州	61.00	上海	65.07	莱芜	54.92	东营	50.37
		广州	59.80	宜宾	59.00	丽水	64.50	舟山	54.53	湖州	50.20
		泉州	56.40	昆明	58.90	中山	64.10	延安	54.30	河源	50.11
		中山	53.60	佛山	58.00	海口	63.97	贵阳	53.57	西宁	50.00
				宁波	57.70	呼和浩特	62.49	无锡	53.40		
				海口	55.60	广州	61.85	福州	53.16		
				福州	55.20	巴彦淖尔	61.41	张家口	52.96		
				上海	54.90	嘉兴	60.28	新余	52.95		
				丽水	54.50	北京	60.09	清远	52.50		
				崇左	54.50	龙岩	59.66	衢州	52.47		
				巴彦淖尔	54.20	合肥	59.42	绍兴	52.36		
				北京	53.80	宁德	59.20	拉萨	52.26		
				鄂尔多斯	50.40	苏州	59.11	固原	52.24		
				苏州	50.40	佛山	58.73	乌海	52.14		

注：受限于数据可获得性，无法按照同一口径获得2015年城市统计数据，故暂不在本表中列出。

3.3.2 迁移劳动力的年龄结构

对1990—2015年城市迁移劳动力的平均年龄进行考察可以发现，迁移劳动力的年龄呈现先上升后下降的趋势，平均年龄总体在30岁左右。1990年的迁移劳动力平均年龄是最年轻的，仅为28.48岁，这可能主要是因为在劳动力流动初期，选择流动的人群主要以农村地区的年轻劳动力为主，故迁移劳动力的年龄较为年轻。但随着劳动力流动障碍的逐步拆除，流动劳动力的平均年龄呈现上升的趋势；2000年，迁移劳动力平均年龄增加到32.71岁，上涨了4.23岁。到2005年，迁移劳动力的平均年龄增加到34.19岁，

2000—2005年上涨了1.48岁。2005年之后，随着"新生代农民工"（指1980年后出生的农村流动人口）逐渐取代"第一代农民工"（指1980年前出生的农村流动人口）成为城市迁移劳动力的主要来源，加上无法实现市民化的老年农民工回流，退出城市劳动力市场，城市流动劳动力的平均年龄又有所下降。2010年，城市迁移劳动力的平均年龄为32.09岁，下降了2.10岁。到2015年，迁移劳动力的平均劳动年龄又有所回升，上升到32.43岁，上升了0.34岁（表3-9）。总而言之，尽管在这25年间，迁移劳动力的平均劳动年龄有所上升和波动，但迁移劳动力仍然是最富活力的劳动力供给，其平均年龄均在30岁左右，这对于面临老龄化趋势的城市劳动力市场来说，无疑延缓了其老龄化的步伐，对于经济发展的重要性不言而喻。受限于数据可获性，2010年和2015年总体平均劳动年龄数据统计口径为"市辖区+所辖镇"的统计口径，但该数据也能在一定程度上呈现劳动力年龄的变化趋势。

表3-9 1990—2015年迁移劳动力的平均劳动年龄

年份	平均值	标准差	观测值
1990	28.48	2.334	162
2000	32.71	2.018	262
2005	34.19	2.293	287
2010	32.09	2.619	287
2015	32.43	4.080	288

按照东部、中部、西部省份划分将城市划分为东部、中部、西部地区，并观察1990—2015年流动劳动力的平均劳动年龄。研究发现，1990—2015年，东部、中部、西部地区城市迁移劳动力的平均劳动年龄跟总体迁移劳动力呈现相同的变化趋势，均为先上升后下降的趋势，但是除1990年外，东部地区城市相较中部、西部地区城市，平均劳动年龄稍微低一点。以平均年龄最低的东部地区城市平均年龄为对照组，经测算可以得到，在1990年、2000年、2005年、2010年和2015年，西部地区流动劳动力的平均劳动年龄要比东部地区分别高-0.59岁、0.20岁、0.88岁、-0.03岁和0.12岁，而中部地区城市的平均劳动年龄要比东部地区城市高-0.09岁、1.33岁、1.91岁、0.42岁和1.11岁。以上分析表明，经济发展程度存在差异的地区，流动劳动力的年龄也会存在差异：东部最低，西部次之，中部城市的迁移劳动力平均年龄最高（图3-2）。尽管东部地区城市跟中西部地区迁移劳

动力的平均年龄差最高不到 2 岁，但考虑到东部地区城市的迁移劳动力占总体劳动力比例的 60%左右，其总的年龄优势会给地区发展带来不可估量的影响。

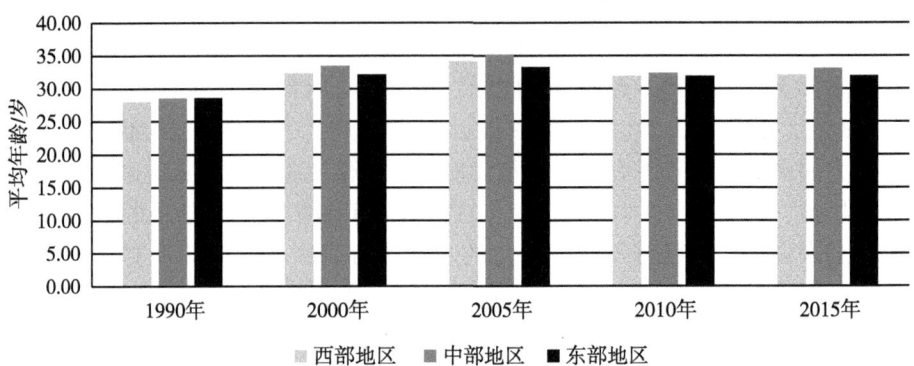

图 3-2　1990—2015 年按东中西部地区分类的迁移劳动力平均劳动年龄

按照城市资源类型将城市划分为资源型城市和非资源型城市。根据《全国资源型城市可持续发展规划（2013—2020 年）》的定义，资源型城市指的是以本地区矿产、森林等自然资源开采、加工为主导产业的城市，及自然资源禀赋较为丰富的城市，而非资源型城市则指的是除资源型城市之外的城市。对 1990—2015 年资源型城市和非资源型城市的迁移劳动力平均劳动年龄进行统计分析发现，两者的平均劳动年龄均呈现先上升后下降的趋势，但总体均稳定在 28~35 岁。根据表 3-10 可知，对于非资源型城市而言，1990—2005 年，其平均年龄从 28.63 增加到 33.90 岁，增加了 5.27 岁，但 2005 年之后呈现下降趋势，从 33.90 岁下降到 2015 年的 32.04 岁，下降了 1.86 岁；对于资源型城市而言，1990—2005 年，其平均劳动年龄从 28.24 岁增加到 34.62 岁，增加了 6.38 岁，从 2005 年开始，其变动呈现先下降后稍微上升的趋势，从 34.62 岁下降到 2010 年的 32.14 岁，之后又上升到 33.01 岁，2005—2015 年共下降 1.61 岁。通过计算资源型城市和非资源型城市的平均年龄差距发现，除 1990 年外，其余年份资源型城市的迁移劳动力平均年龄均比非资源型城市要高，其差值变动范围为 0.09~0.97 岁。以上年分析表明，非资源型城市的迁移劳动力平均年龄要比资源型城市年轻，这其实跟这两种不同类型城市的发展道路有关，具体的原因分析见后文。

第3章 中国劳动力流动的演变及其特征

表3-10 1990—2015年按资源型和非资源型城市迁移劳动力平均劳动年龄

单位：个

年份	非资源型城市	资源型城市	两者之差
1990	28.630	28.241	-0.389
2000	32.486	33.076	0.590
2005	33.895	34.620	0.725
2010	32.051	32.139	0.088
2015	32.039	33.009	0.970

注：资源型城市和非资源型城市根据《全国资源型城市可持续发展规划（2013—2020年）》的城市分类，由于城市是否是资源型城市是由城市的资源禀赋决定的，其在短期内无法改变该特征，故可用该分类标准衡量2013年之前的城市特性。

3.3.3 迁移劳动力的人力资本特征

迁移劳动力的人力资本水平是迁移劳动力的一个重要特征，人力资本对地区发展至关重要。因此，作为城市劳动力市场重要组成分的迁移劳动力的人力资本水平无疑也会对地区的经济发展产生影响，有必要对迁移劳动力的人力资本水平进行分析。对于人力资本的衡量有很多种方法，主要包括收入法[188-191]、成本法[192-194]、教育指标法[85]251,[100]41,[195-200]和能力测量法[104]80,[201]。其中，教育指标法中的受教育年限是衡量人力资本水平的最常用指标。在本部分中，1990—2015年的受教育水平采用的是分类指标，因此本研究按照以往研究的惯例，对指标进行相应赋值：未上过学或识字极少=0，小学=6，初中=9，高中或中专=12，大学专科=15，大学本科=16，研究生及以上=20。根据表3-11的统计结果，1990—2015年，迁移劳动力受教育水平呈现不断提高的趋势，从1990年的8.37年到2015年的10.70年，上涨了2.33年。1990年，迁移劳动力的平均受教育年限为8.37年，到2005年，上涨到10.43年，增长了2.06年，2010年为10.14年，有轻微的下降，之后有所回升，到2015年，迁移劳动力的平均受教育年限为10.70年。考虑到人力资本积累的难度和中国庞大的迁移劳动力体量，中国迁移劳动力的人力资本积累无疑是令人震惊的。

表3-11 1990—2015年迁移劳动力平均受教育水平

单位：年

年份	平均值	标准差	观测值
1990	8.374	0.876	162
2000	10.035	0.836	261

(续表)

年份	平均值	标准差	观测值
2005	10.429	1.025	287
2010	10.142	0.704	287
2015	10.696	1.346	288

对东部、中部、西部地区城市的迁移劳动力平均受教育水平进行估算,东部、中部、西部地区城市的平均受教育水平的变化趋势跟总体迁移劳动力的受教育水平一样,呈现向上升后下降的趋势;另外根据图3-3可以发现,除1990年外,其余年份中部地区城市的平均受教育水平最高,东部地区次之,西部地区最低。对于东部地区城市而言,其平受教育年限从1990年的8.55年上涨到2005年的10.26年,之后略有下降,到2010年为10.26年,到2015年,上升到10.77年,25年间东部地区城市迁移劳动力的平均受教育年限上涨了2.20年。对于总部地区而言,其迁移劳动力的平均受教育年限在1990年为8.12年,低于东部地区和西部地区城市,但其在1990—2005年的上涨速度则高于另外两类地区,到2005年,上涨到10.72年,上涨了2.6年,之后略有下降,2010年为10.20年,2015年又上涨到10.88年,25年间上涨了2.76年。对西部地区城市迁移劳动力的平均受教育年限的变化趋势与前面两类地区类似,也是先从1990年的8.45年上涨到2005年的10.16年,上涨了1.70年,之后降至2010年的9.83年,到2015年,上涨到10.30年,西部地区城市迁移劳动力的平均受教育年限上涨了1.85年。比较东中西地区城市迁移劳动力的平均受教育水平差异,以最高的中部地区为参照组,1990年、2000年、2005年、2010年和2015年,中部地区比西部地区城市平均受教育年限分别要高-0.33年、0.37年、0.56年、0.38年、0.57年,而中部地区比东部地区城市平均受教育年限分别要高-0.42年、0.15年、0.42年、-0.05年、0.13年。以上分析的结果表明,不同发展地区的迁移劳动力的平均受教育年限存在显著差异,但迁移劳动力的受教育水平总体呈现上升的趋势,基本处于完成九年义务教育阶段的水平。

与前文分析迁移劳动力的平均年龄类似,依旧将城市划分为资源型城市和非资源型城市,考察1990—2015年这两者的平均受教育水平变化和两者之间的差异。根据表3-12可知,资源型城市和非资源型城市迁移劳动力的平均受教育年限据呈现波动中上升的趋势;除1990年外,其余年份非资源型城市均比资源型城市的平均受教育水平高。对于非资源型城市而言,其迁

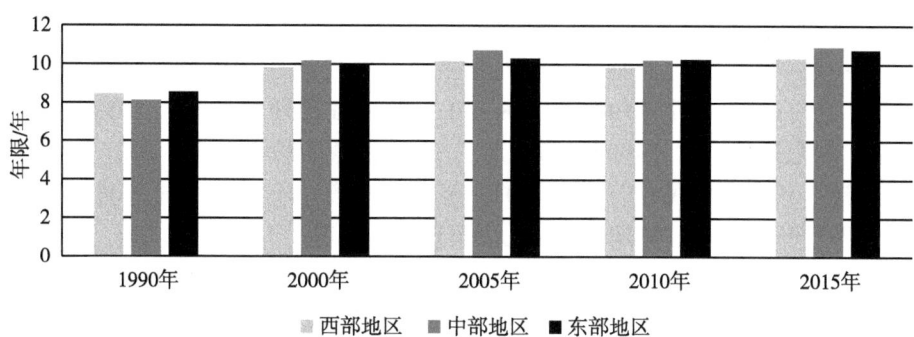

图 3-3 1990—2015 年按东中西部地区城市的迁移劳动力平均受教育水平

移劳动力的平均受教育水平从 1990 年的 8.37 年上涨到 2005 年的 10.53 年，上涨了 2.16 年，之后下降到 2010 年的 10.25 年，到 2015 年上涨到 10.87 年，1990—2015 年平均受教育年限总共提升了 2.50 年。而对于资源型城市来说，其迁移劳动力的平均受教育水平从 1990 年的 8.38 年上涨到 2005 年的 10.28 年，上涨了 1.90 年，之后下降到 2010 年的 9.98 年，到了 2015 年上涨到 10.44 年，1990—2015 年平均受教育年限总共提升了 2.06 年。比较两类城市迁移劳动力的平均受教育年限差异，可以发现，相较于非资源型城市，资源型城市的平均受教育年限要低于前者，并且两者的差距在不断扩大，其差距从 1990 年的高 0.01 年到 2015 年的低 0.43 年，表明非资源型城市迁移劳动力的平均受教育年限要高于资源型城市的平均受教育年限，其原因可能跟两类城市的发展模式有关。

表 3-12 1990—2015 年资源型和非资源型城市迁移劳动力平均受教育水平

单位：年

年份	非资源型城市	资源型城市	两者之差
1990	8.37	8.38	-0.01
2000	10.04	10.03	0.01
2005	10.53	10.28	0.25
2010	10.25	9.98	0.27
2015	10.87	10.44	0.43

3.4 本章小结

本部分主要利用 1990—2015 年人口普查和 1% 人口抽样调查数据以及《中国城市统计年鉴》数据分析了中国劳动力流动和城市产业升级的现状和

相关特征，主要有以下几点发现。

一是中国劳动力流动按政策变化主要分为控制迁移阶段（1978—1983年）、允许迁移阶段（1984—1988年）、控制盲目迁移阶段（1989—1991年）、规范迁移阶段（1992—2000年）、公平迁移阶段（2000—2007年）和鼓励迁移和推进市民化阶段（2007—至今）阶段。不同阶段的劳动力流动呈现不同的特征，总体是流动劳动力呈现上涨趋势。

二是根据1990年、2000年和2010年的省级流动人口普查数据统计发现，迁移人口总量巨大，并且随时间发展呈现快速上涨趋势，主要以省内迁移为主，并且呈现向城市和东部地区集聚的趋势；劳动力流动的年龄分布逐渐呈现老龄化趋势；受教育水平呈现上升趋势，呈"纺锤形"分布，即受教育水平较低和较高的比例较低，受教育水平主要集中在小学和初中阶段；就业主要集中在"生产、运输设备操作人员及有关人员"上，在其他职业分类上的分布则从第一产业转移到第三产业上，并且中部和东部地区之间呈现不同趋势；"务工经商"是迁移人口的首要原因，其次是"婚姻迁入""随迁家属""学习培训"等，可见改善经济条件是人口流动的最主要动力。

三是城市市辖区的流动人口统计分析表明，1990—2015年城市的迁移就业人口比例呈现上升趋势，并且迁移人口比例较高的城市数量在不断增长。就业迁移率大于50%的城市主要集中在东部沿海等经济发达地区。迁移劳动力的年龄呈现先上升后下降的趋势，其平均年龄总体在30岁左右；东中西部地区城市迁移劳动力的平均劳动年龄呈现先上升后下降的趋势，但是除1990年外，东部地区城市相较中西部地区城市，其平均劳动年龄要稍微年轻一点；资源型城市和非资源型城市迁移劳动力平均劳动年龄均呈现先上升后下降的趋势，但总体均稳定在28~35岁。迁移劳动力受教育水平年限呈现不断增加的趋势，东中西部地区城市的平均受教育水平的变化呈现向上升后下降的趋势，总体在9~11年；除1990年外，其余年份中部地区城市的平均受教育水平最高，东部地区次之，西部地区最低。资源型城市和非资源型城市迁移劳动力的平均受教育年限据呈现波动中上升的趋势；并且除1990年外，其余年份非资源型城市均比资源型城市的平均受教育年限长。

第4章 劳动力流动对城市劳动力市场的影响

城市的经济发展和产业升级与城市劳动力市场紧密相关,在观察劳动力流动对城市产业升级和经济效率的影响之前,首先需要探讨劳动力流动对城市劳动力市场的影响。劳动力流动直接影响到城市经济中劳动的需求与供给。已有研究对劳动力流动作用于劳动力市场的机制分析主要从替代性和互补性的方面来分析的。替代性指的是外来劳动力挤占本地劳动力的就业空间,对本地劳动力的工资和就业产生不利影响,而互补性指的则是外来劳动力和本地劳动力之间不是竞争而是互补的关系,迁移劳动力和本地劳动力形成了一种分工和合作的互补关系,对本地劳动力市场存在积极和有益的影响。

本部分利用已构建的中国城市流动人口和社会经济数据库,检验劳动力流动对城市劳动力市场的作用,其目的旨在回答:劳动力流动是否对城市劳动力市场产生何种影响?迁移劳动力对城市劳动力市场的失业率、劳动参与率以及城市平均工资水平产生了什么影响?在此基础上,并进一步分析了不同时期、不同区域(东中西部地区)城市以及非资源型城市和资源型城市的影响差异,全面分析劳动力流动对城市劳动力市场的作用及程度。

4.1 引言

改革开放以来,经济发展伴随着大规模人口迁移,农村劳动力向城镇迁移为中国经济增长奇迹提供关键支撑,流动人口成为城镇劳动力市场的重要组成部分,并逐渐成为新增劳动力的主要来源。根据国家统计局《2017年农民工监测调查报告》显示,2017年全国农民工总量达到2.87亿人,其中外出农民工1.72亿人。中国城镇化进程正在稳步推进,未来较长时期人口流动仍将持续活跃。流动人口从边际生产率较低的农业部门转向非农部门,带来了配置效率的改善,提升了全要素生产率,中国经济的持续增长正得益于此[1]5。但与此同时,也存在一种担忧:外来劳动力长期流入是否会对城市劳动力市场产生冲击,外来劳动力是否会抢了本地人"饭碗"?迁移对城市劳动力市场究竟产生何种影响成为学界研究关注的焦点,对于这一问题的认识也直接影响城市管理部门对于迁移人口和劳动力的态度和政策。

根据 2.3 的文献回顾,可以发现已有研究主要通过分析外来劳动力和本地劳动力之间的替代性和互补性来判断外来劳动力冲击的影响,但是由于概念界定和统计口径不一致,数据代表性和可比性也存在问题,外来劳动力对城市劳动力市场的影响尚未有定论。国外相关研究主要基于代表性的人口普查数据和劳动力市场抽样调查数据,国内研究受限于数据可获得性,绝大多数研究使用加总数据或不具有抽样代表性的专项调查数据,研究缺乏可比性和较强说服力,少数研究使用全国代表性的人口抽样调查数据,但距今时间较长,过去十多年中国经济发展和劳动力市场已经发生深刻变化,有必要利用最新的全国代表性数据观察劳动力流动与城市劳动力市场之间关系的新特征。

4.2 理论分析与实证策略

在户籍制度的约束下,中国的人口流动与人口跨国流动有很大的相似性:尽管移民在城市劳动力市场上发挥了积极作用,但却无法完全享受到与城市本地人口相同的社会保障和公共服务[1]5。本部分利用国际移民理论分析国内劳动力市场中外来流动人口的影响。因此,本部分借鉴 Card[126]25 的分析框架,假设每个城市存在只生产一种产品的完全竞争市场,生产要素为劳动力和资本。假定城市 c 的生产方程为:

$$Y_c = F(K_c, L_c) \tag{4-1}$$

其中,K_c 为非劳动力投入的变量(例如资本),L_c 为劳动力投入。假设 L_c 是一个不同类型劳动力投入 N_{jc}(j=1,2,3……j)、替代弹性为常数的加总 CES 函数(Constant Elasticity of Substitution):

$$L_c = \left[\sum_j (e_{jc} N_{jc})^{(\sigma-1)/\sigma}\right]^{\sigma/(\sigma-1)} \tag{4-2}$$

其中,N_{jc} 为不同技能 j 劳动力在城市 c 的数量,e_{jc} 代表 c 城市 j 类型的生产率冲击,σ 为不同类型劳动力之间的替代弹性。假设 w_{jc} 代表 c 城市 j 类型劳动力的工资率,q_c 为 c 城市的产品售价。根据利润最大化条件求一阶导数得到:

$$\log N_{jc} = \theta_c + (\sigma - 1)\log e_{jc} - \sigma \log w_{jc} \tag{4-3}$$

其中，$\theta_c = \sigma\log[q_c F_L(K_c, L_c) L_c^{1/\sigma}]$，表示所有类型劳动力与 c 城市所共有的因素。

令 P_{jc} 代表 c 城市 j 类型劳动力的数量，并且假设劳动供给方程是对数线性的：

$$\log(N_{jc}/P_{jc}) = \varepsilon \log w_{jc} \tag{4-4}$$

其中，$\varepsilon > 0$。由式（4-3）和式（4-4）可推导出 c 城市 j 类型劳动力的工资率和就业率方程：

$$\log w_{jc} = 1/(\varepsilon + \sigma)\{(\theta_c - \log P_c) + (\sigma - 1)\log e_{jc} - \log(P_{jc}/P_c)\} \tag{4-5}$$

$$\log(N_{jc}/P_c) = \varepsilon/(\varepsilon + \sigma)\{(\theta_c - \log P_c) + (\sigma - 1)\log e_{jc} - \log(P_{jc}/P_c)\} \tag{4-6}$$

其中，P_c 是 c 城市的总人口，这表明工资率和劳动力就业率的决定因素有三个：与城市有关的其他因素，与城市不同技能的生产率因素，不同类型劳动力的相对供给比例。这表明，以 CES 函数形式表示的不同类型劳动力的相对工资取决于劳动力份额和与不同类型的生产率因素。

式（4-3）和式（4-4）为本部分的基础实证模型。假设，生产率因素可以分解为：

$$\log e_{jc} = e_j + e_c + e_{jc}' \tag{4-7}$$

其中，e_j 不同类型劳动力的效应，e_c 表示城市效应，e_{jc}' 代表与 c 城市 j 类型劳动力因素的影响。令 $f_{jc} = P_{jc}/P_c$ 代表 c 城市 j 类型劳动力占总人口的份额，则式（4-5）和式（4-6）可以简写为：

$$\log w_{jc} = u_j + u_c + d_1 \log f_{jc} + u_{jc} \tag{4-8}$$

$$\log(N_{jc}/P_c) = v_j + v_c + d_2 \log f_{jc} + v_{jc} \tag{4-9}$$

其中，u_j，u_c，v_j 和 v_c 代表劳动力类型和城市的固定效应，u_{jc} 和 v_{jc} 为不可观测的因素。系数 d_1 和 d_2 代表方程的替代弹性和供给弹性，$d_1 = 1/(\varepsilon + \sigma)$，$d_2 = \varepsilon/(\varepsilon + \sigma)$。城市固定效应代表了有城市有关的其他因素的影响。

Card[126]31、刘学军和赵耀辉[202]702将劳动力分为外来劳动力和本地劳动力，并将不同劳动力类型按从事职业和不同受教育程度细分。鉴于本部分观察的是外来劳动力对本地劳动力市场的平均影响，因此，并没有将劳动力按职业或者受教育程度细分，但在具体模型中添加了不同城市劳动力的平均受教育年限和平均年龄变量，以控制城市中人力资本水平和工作经验的影响。现实中外来劳动力和本地劳动力之间并不是完全替代的，此分类适用于这一分析框架。为了尽可能准确地识别外来劳动力对城市劳动力市场的真实影响，以上模型中应考虑一些可观测变量作为控制变量。结合 Card[126]22-64 和 Borjas[203] 研究的理论框架，考虑到时间趋势，本部分设定的实证模型为：

$$\log w_{jc} = u_j + u_c + d_1 \log f_{jc} + X_{jc} + t + u_{jc} \quad (4-10)$$

$$\log(N_{jc}/P_c) = v_j + v_c + d_2 \log f_{jc} + X_{jc} + t + v_{jc} \quad (4-11)$$

式（4-10）w_{jc} 为城市劳动力市场的工资率，式（4-11）左边 N_{jc}/P_c 为反映劳动力市场的一系列指标，包括失业率、劳动参与率等指标；等式右边 f_{jc} 为 c 城市移民就业人口占总人口的比重，作为劳动力流动的指标，X_{jc} 为一系列的控制变量，包括城市平均受教育水平、城市劳动者平均年龄和城市产业结构等反映城市特征的变量，t 表示时间趋势项。

4.3 数据来源和描述性统计

本部分旨在观察劳动力流动对城市劳动力市场的影响，数据来源于前文自行构建的中国城市流动人口和社会经济数据库，具体说明见导论第三部分。本研究采用地级城市"市辖区"口径。外来劳动力定义为在本市居住或工作半年以上，且户籍不在本市的劳动力。本研究核心解释变量"移民比例"定义为外来就业劳动力占本市总就业劳动力的比重。人口与劳动力数据来源于 1990—2015 年历次全国人口普查和 1% 人口抽样调查微观数据，城市层面的宏观经济指标等数据来源于相关年份《中国城市统计年鉴》。本研究基于该数据库从城市层面分析劳动力流动对城市劳动力市场的影响。

4.3.1 数据来源与变量选取

（1）城市调查失业率和登记失业率

城市调查失业率指标参照国际机构调查失业率界定，根据人口普查和抽样调查微观数据加总计算得到，即市辖区内 15~64 周岁失业人口占经济活动人口（就业人口+失业人口）的比例。中国于 2009 年才开始逐步建立调查失业率体系，直到 2018 年年初国家统计局才开始正式对外定期公布调查失业率数据，这些调查失业率数据可以满足国家层面代表性的统计，但对于地级市的代表性并不够[204]。城市登记失业率来源于 1990—2015 年中相应年份《中国城市统计年鉴》数据，城市登记失业人员的定义为"有非农业户口，在一定的劳动年龄内（16 周岁及以上）有劳动能力、无业而要求就业，并在当地就业服务机构进行求职登记的人员"，登记失业率由人力资源与社

第4章 劳动力流动对城市劳动力市场的影响

会保障部门负责统计公布。由于登记失业率衡量的是城市中拥有本地户籍劳动力的登记失业率,在统计上不一定能准确衡量本地劳动力市场的实际失业率(例如存在失业但没有登记的外来劳动力),但是该指标恰好能够反映本地城镇户籍劳动力的失业情况,利用该指标可以观察外来劳动力流动对城市本地户籍劳动力失业率的影响。

(2) 城市劳动参与率和本地人口劳动参与率

城市劳动参与率和本地人口劳动参与率均根据人口普查和抽样调查微观数据加总计算得到。劳动参与率指的是市辖区内15~64周岁经济活动人口占劳动力资源(15周岁及以上有劳动能力的人口)的比例;其中,本地人口劳动参与率指的是拥有城市本地户籍人口的劳动参与率。劳动参与率的衡量通常包括两个年龄段界定标准:一是采用15~59周岁的劳动力口径;二是15~64周岁的标准,本部分采用的是第二个标准,随着老年人预期寿命提高、健康状况改善,以及可能推行的延长退休改革,60~64周岁人员有条件继续活跃在劳动力市场中。

(3) 工资水平

中国历次人口普查和1%人口抽样调查中,只有2005年全国1%人口抽样调查涉及工资指标,其他年份均未调查,因此无法利用微观数据来度量移民对城市本地劳动力市场工资水平的影响。本部分利用《中国城市统计年鉴》中的"城镇在岗职工年平均工资"指标估算"在岗职工月平均工资",据此反映城市劳动力市场工资率。《中国城市统计年鉴》对在岗职工的定义为"在国有经济、城镇集体经济和其他各种经济类型单位及附属机构生产或工作,并由单位支付工资的在岗人员,不包括已退休的职工、在农村乡镇企、事业单位中参加劳动并取得收入的劳动者和城乡个体劳动者",该定义尽管没有包含所有的劳动者,但是该指标较好地衡量了城市本地户籍人口的工资水平,而本部分正是要关注迁移劳动力对于城镇本地劳动者的实质性影响。

(4) 控制变量

中国地区差异较大,实证模型需要控制城市层面基本的人力资本与经济结构特征,控制变量包括城市平均受教育年限、平均年龄以及产业结构。城市劳动力平均受教育年限和平均年龄指标根据人口普查和抽样调查微观数据加总计算得到。人口普查中教育程度度量采用分类指标,按照通常采用的方法进行赋值:未上过学或识字极少=0,小学=6,初中=9,高中或中专=12,大学专科=15,大学本科=16,研究生及以上=20。城市产业结构指标来源于相关年份《中国城市统计年鉴》，根据第二产业从业人员占地区总从业人员的比例计算得到。

4.3.2 变量描述性统计

表 4-1 为相关变量的描述性统计。城市就业人口中，在 1990—2000 年的 10 年间，城市的平均就业迁移率从 1990 年的 7.47% 上升到 27.18%，增长了 19.71 个百分点；而 2000—2005 年，城市平均就业迁移率只增长了 1.55 个百分点；2005—2010 年，城市平均就业迁移率从 2005 年的 28.73% 上涨到 39.54%，增长了 10.81 个百分点。而 2015 年受限于数据可获得性，表中列出的是迁移人口占全市总常住人口的比重，可以发现，迁移人口的比例为 21.06%，尽管该数值并没有反映城市市辖区的平均就业迁移率，但是从总体的迁移率发展趋势可以推论，外来人口是城市劳动力市场的重要组成部分并且继续呈现提升态势。

表 4-1 主要变量的描述统计

变量	变量含义	系数标准差				
		1990 年	2000 年	2005 年	2010 年	2015 年
mr	外来就业人口比例/%	7.77	27.18	28.73	39.54	21.06
		8.20	12.79	14.32	12.38	15.67
unemp_rate	调查失业率/%	9.52	5.67	2.67	3.26	7.47
		5.53	2.60	1.39	1.21	3.84
laidoff_urban	登记失业率/%	1.77	4.83	6.44	6.21	4.95
		1.61	3.86	3.59	3.98	3.87
lfptr2	劳动参与率/%	79.27	73.29	69.48	63.10	62.07
		7.67	5.61	7.16	6.40	7.68
lfplocr2	本地劳动参与率/%	83.69	82.53	76.68	69.97	65.25
		6.01	6.89	7.51	7.22	6.76
ln_wage	工资（对数）	7.65	9.06	9.69	10.40	10.93
		0.18	0.28	0.30	0.23	0.28
industry	第二产业就业比例/%	41.65	49.56	46.87	45.68	46.46
		18.29	14.26	14.83	15.24	15.43
aver_edu	平均劳动力教育年限/年	9.83	10.16	10.88	9.67	9.76
		0.91	0.67	0.86	0.65	0.87
mig_edu	外来劳动力受教育年限/年	8.37	10.04	10.40	10.14	10.70
		0.87	0.84	1.03	0.70	1.35
loc_edu	本地劳动力受教育年限/年	9.94	10.27	11.08	9.43	9.55
		0.96	0.79	0.93	0.77	0.82
aver_age	平均年龄/年	33.26	34.84	35.92	35.62	37.75
		1.58	1.41	1.55	2.52	2.90

(续表)

变量	变量含义	系数标准差				
		1990年	2000年	2005年	2010年	2015年
mig_age	外来劳动力平均年龄/年	28.48	32.71	34.19	32.09	32.43
		2.33	2.02	2.29	2.62	4.08
loc_age	本地劳动力平均年龄/年	33.65	35.80	36.81	38.07	39.43
		1.56	1.15	1.28	2.80	3.10
N	样本量/个	166	262	287	287	288

根据人口普查和抽样调查数据估算得到的城市平均失业率从1990年的9.52%下降到2005年的2.67%，之后又上涨到2015年的7.47%，呈现先下降后上升的变化趋势。而反映城市本地户籍人口就业状况的城镇登记失业率则是从1990年的1.61%上涨到2015年的3.87%，呈现波动中上涨的趋势。在人口老龄化加速背景下，城市总体劳动参与率和本地劳动参与率分别从1990年的79.27%和83.69%下降到2015年的62.07%和65.25%，均呈现明显下降，但城市本地劳动参与率高于总的劳动参与率。

从本地人口和外来劳动力的平均受教育水平可以发现，两者的受教育水平年限在8~11年，即完成九年义务教育水平阶段。尽管在2005年及之前，外来人口的受教育年限低于本地人口，但2010和2015年则高于本地人口，2010年本地劳动力平均受教育年限比外来人口平均受教育年限要低0.71年，2015年差距则扩大到1.15年。其中，值得注意的是，2005年之后，城市的总体平均受教育水平呈现下降趋势，主要是因为缺乏2010年和2015年"市辖区"统计口径的受教育水平数据，采用"市辖区+所辖镇"统计口径的平均受教育年限数据代替。该统计口径上包含大量受教育水平相对较低的所辖乡镇的劳动力，因此，城市总体平均受教育水平呈现下降趋势。

外来劳动力和城市本地劳动力平均年龄都在增长，城市劳动力市场总体平均劳动年龄从1990年的33.26岁上升到2015年的37.75岁，上涨了4.49岁，呈现上升趋势，表明中国的劳动力人口的年龄呈现老龄化趋势。而外来平均劳动年龄和本地平均劳动年龄分别从1990年的28.48岁和33.65岁上涨到2015年32.43岁和39.43岁，外来劳动力平均年龄明显低于本地劳动力年龄，其差距呈现"U"形变化，差距从1990年的5.17岁缩小到2005年2.62岁，之后上涨到2015年7.00岁。

城市劳动力市场中劳动力构成呈现两个特征：从年龄结构上看，外来劳动力的年龄更加年轻，外来劳动力的进入延缓了城市劳动力市场中劳动者的老龄化趋势；从受教育结构上看，迁移劳动力受教育水平与城市本地人口相当，甚至在后期还要更高一点。一般传统观念认为外来劳动力的受教育程度更低，但实际上迁移人口往往是流出地人口中人力资本水平相对较高的群体，同时本部分观察区域为市辖区，在该范围内的劳动力市场上，相比较本地劳动力，外来劳动力面临的生活成本更高（例如租房成本）、就业约束更大，能够留下来的劳动力一般更具竞争力，表现为人力资本水平相对较高。

4.4 劳动力流动对城市劳动力市场的实证结果分析

从上述的描述性统计分析可知，进入城市劳动力的外来劳动力人口平均人力资本与本地劳动力相当甚至在后期更高一点，并且年龄结构更年轻，直观上看，相对于城镇本地劳动力应该更具有竞争性。那么，这些外来劳动力是否会通过劳动力市场竞争挤出本地就业者呢？劳动力流动究竟会对城市劳动力市场造成什么样的实质性影响？利用本部分构建的城市流动人口与经济社会数据库，可以定量分析迁移劳动力对城市劳动力的真实影响。

4.4.1 内生性处理

对于式（4-10）和式（4-11）而言，除了与城市劳动力结构有关的因素，可能还存在一些城市层面不可观测因素的影响；同时，外来劳动力对城市劳动力市场的影响可能存在反向因果关系，例如，工资高、劳动参与率高的城市可能会对流动劳动力产生巨大的吸引力，从而导致城市劳动力的移民比例进一步增加，即外来劳动力和城市劳动力市场的关系存在内生性问题[126]32,[202]703,[203]1362。因此，普通最小二乘法（OLS）估计会存在内生性偏误。已有文献的一般处理办法是利用工具变量法来解决内生性问题。一个有效的工具变量需满足两个条件：一是相关性，即工具变量与内生解释变量相关；二是外生性，即工具变量与扰动项不相关。

相关文献中常用的工具变量有其他移民国家的移民社会网络[126]43、前期不同教育程度和经验分组的移民数量和比例[203]1362，迁出地的自然灾害、距离以及人口数量[202]703。都阳等[1]8在估计移民对城市经济效率的影响时，采用早期移民占就业的比例和城市到最近交通枢纽的距离作为工具变量。综合前人研究，采用的工具变量通常有两种：一类是早期外来劳动力占总就业人口的比例，它与城市本期劳动力流动的比例相关，但是对本期的劳动力市场不造成影响；另一类是城市到最近交通枢纽的铁路距离，它影响了城市劳动力的流动决策，但与城市的劳动力需求不相关，因为距离是外生变量。其中，交通枢纽城市包括北京、上海、天津、成都和西安。本部分选取的两类工具变量分别为前定变量（前期外来劳动力占总就业人口的比例）和距离变量（城市到最近交通枢纽的铁路距离），能够较好地满足有效工具变量的两个条件。

为了检验是否存在内生性变量，本部分对普通最小二乘法和使用工具变量法的结果进行了豪斯曼检验，检验的 Chi 值为 143.30，即拒绝了不存在内生性的原假设，表明方程存在内生性问题。并且，Durbin 检验和 Wu-Hausman 的统计值分别为 56.37 和 59.26，其 P 值均为 0.0000，拒绝了模型中的变量均为外生的原假设，进一步表明方程确实存在内生性问题。

在使用上述工具变量时，本研究使用两步法来估计方程。根据式（4-10）和式（4-11），工具变量中的移民比例和铁路距离均采用的是对数形式，这并不改变两者之间的关系。表 4-2 为第一阶段的回归结果。可以发现，第一阶段的回归结果中，滞后一期的移民比例的回归系数为 0.33，通过了 1% 的显著性水平检验，表明滞后一期的移民比例确实跟本期的劳动力流动高度相关；而铁路距离的系数为 -0.05，通过了 1% 的显著性水平检验，表明目标城市距离中心城市越远，城市中移民比例会降低，城市到最近交通枢纽的铁路距离对劳动力流动产生了显著负面影响。以上结果表明，两个工具变量满足了相关性的要求。第一阶段回归结果的 F 统计值为 50.34，大于 10，拒绝了"存在弱工具变量"的假设，因此，工具变量是有效的。进一步，由于本书内生变量只有一个，但选取了两个工具变量，因此，进一步对工具变量进行过度识别检验，萨根检验的统计值为 2.38，其对应的 P 值为 0.13，拒绝了存在过度识别的原假设，也即工具变量是严格外生的。综述所述，本书选取的两个工具变量满足了外生性和相关性的两个要求，因此，工具变量是有效的。

表 4-2 外来劳动力就业人口比例的决定因素：第一阶段回归结果

因变量：mr2	外来就业人口比例对数	系数	T 值
L_mr2	滞后一期外来就业人口比例对数	0.332***	(11.22)
distance	城市到最近交通枢纽的铁路距离	-0.052***	(-3.28)
industry	第二产业就业比例	0.0002	(0.19)
aver_edu	城市劳动力人口平均受教育年限	0.028	(1.22)

(续表)

因变量：mr2	外来就业人口比例对数	系数	T值
aver_age	城市劳动力人口平均年龄	-0.067***	(-8.86)
t	时间趋势项	-0.112***	(-4.39)
region	地区虚拟变量	已控制	—
cons	常数项	2.37***	(6.63)
N	观测值个数	980	—
Adj R-squared	调整的拟合优度	0.287	
Hausmans 检验	豪斯曼检验	146.30	(Prob>chi2=0.0000)
Durbin 检验	杜宾检验	56.372	P=0.0000
Wu-Hausman 检验	吴-豪斯曼检验	59.263	P=0.0000
Sargan 检验	萨根检验	2.384	0.1226
F	F值	50.340	

注：括号中的数值为标准误，*、**、***分别代表10%、5%和1%的显著性水平。

4.4.2 估计结果

劳动力流动对城市劳动力市场的影响主要体现在对就业和工资率两个方面的影响。根据式（4-11），本部分不仅估计了劳动力流动对就业率的影响，还分别估计了劳动力流动对城市失业率和劳动参与率的影响，从而能够更全面观察劳动力流动对劳动力市场的影响。根据式（4-10），本部分估计了劳动力流动对工资率的影响。

（1）劳动力流动对城市失业率的影响

表4-3为劳动力流动对城市劳动力市场调查失业率和登记失业率的影响。城市调查失业率衡量的是外来劳动力对整个城市劳动力市场就业状况的影响，而登记失业率代表的是本地劳动力的就业状况。在表4-3中，模型（1）和模型（2）是OLS回归的结果，模型（3）和模型（4）是使用工具变量后的2SLS回归结果。失业率和外来劳动力比例采用的是对数形式，表中的外来劳动力比例对数mr2的系数代表的是弹性值，即1%外来劳动力比例的增加所导致的城市失业率变化的百分比。由模型（1）和模型（3）可以发现，与2SLS回归结果相比，OLS回归的mr2系数存在显著差异，说明OLS回归存在内生性偏差。在模型（3）中，mr2的系数是负向显著的，系数值为-0.9427，表明外来就业人口比例每提高1%，会导致城市总体失业率大约下降0.94%，说明外来劳动力比例的提高能够降低城市调查失业率，改善城市劳动力市场状况。模型（2）和模型（4）是劳动力流动对登记失

第4章 劳动力流动对城市劳动力市场的影响

业率的影响,可以发现两个模型中 mr2 的系数均不显著,表示劳动力流动对本地劳动力的失业率并不存在显著的负向影响,即外来人口并没有对城市本地户籍人口的就业状况造成实质性冲击,不会造成本地劳动力失业率上升。研究表明,外来就业人口比例的增加不仅没有造成城市调查失业率上升,而且还有助于改善城市劳动力市场状况,城市总体失业率倾向于降低,对于城市本地户籍人口就业也并不构成明显冲击。

表4-3 劳动力流动对城市劳动力市场调查失业率和登记失业率的影响

	OLS		2SLS	
	模型(1) 调查失业率	模型(2) 登记失业率	模型(3) 调查失业率	模型(4) 登记失业率
mr2	-0.2810***	0.2940***	-0.9427***	0.0450
	(-10.62)	(9.03)	(-8.17)	(0.43)
industry	0.0021	-0.0011	0.0024	-0.0074***
	(1.54)	(-0.66)	(1.51)	(-5.29)
aver_edu	-0.0722***	0.0284	0.0815***	-0.0361
	(-2.80)	(0.99)	(2.63)	(-1.32)
aver_age	0.0073	0.0817***	-0.0438***	0.0746***
	(0.89)	(8.06)	(-3.17)	(6.05)
t	-0.0080	0.0823***	0.0965***	-0.1153***
	(-0.45)	(3.52)	(3.75)	(-5.00)
region	已控制	已控制	已控制	已控制
cons	-3.2106***	-6.0548***	-4.2693***	-4.5041***
	(-8.89)	(-13.69)	(-10.04)	(-11.82)
N	1 275	1 252	991	969
调整 R^2	0.1468	0.2195	0.1214	0.1113
F 值	28.1793	39.7353	—	—
Wald chi2 值	—	—	140.9503	123.8116
Prob > chi2	—	—	0.0000	0.0000

注:*、**、*** 分别为10%、5%和1%的显著性水平,括号中为 t 值。下表皆同。

(2)劳动力流动对城市劳动参与率和本地人口劳动参与率的影响

表4-4为劳动力流动对城市劳动参与率和本地人口劳动参与率影响的回归结果。模型(5)和模型(7)分别为迁移对劳动参与率影响的 OLS 和 2SLS 回归结果,模型(6)和模型(8)分别为劳动力流动对城市本地人口劳动参与率影响的 OLS 和 2SLS 回归结果。模型估计结果显示,相比 2SLS 回归结果,OLS 回归低估了劳动力流动对劳动参与率和本地人口劳动参与率

的影响。在模型（7）中，mr2 的系数是正向显著的，系数值为 0.077 9，表明外来就业人口比例每上升 10%，就会提高劳动参与率大约 0.78%，劳动力流动对城市劳动力市场的劳动参与率有正向的显著影响。在模型（8）中，迁移的系数是负向显著的，系数值为 -0.026 6，表明外来就业人口比例每上升 10%，城市本地人口劳动参与率将下降 0.27%。城市劳动参与率衡量的是城市人口与劳动力活跃度，劳动参与率提高有助于扩大城市劳动力供给，也是城市潜在经济增长率的重要贡献来源。由模型结果可知，尽管劳动力流动降低了城市本地人口的劳动参与率，但能显著提高总的劳动参与率，并且其对总的劳动参与率的影响大于对城市本地人口的影响，这意味着劳动力流动并没有明显地对城市总体劳动参与率和潜在经济增长构成显著负面效应。这与 Ortega 和 Peri[131]26 对 OECD 国家的移民影响结论一致，即流动人口对流入地劳动力市场的总体劳动参与存在正面影响。

表 4-4 劳动力流动对城市劳动参与率和本地人口劳动参与率的影响

	OLS		2SLS	
	模型（5） 城市劳动参与率	模型（6） 本地人口劳动参与率	模型（7） 城市劳动参与率	模型（8） 本地人口劳动参与率
mr2	-0.010 0***	-0.003 6	0.077 9***	-0.026 6*
	(-2.82)	(-1.08)	(4.50)	(-1.75)
industry	-0.000 4*	-0.001 3***	-0.000 0	-0.001 1***
	(-1.93)	(-6.90)	(-0.12)	(-5.20)
aver_edu	-0.017 2***	-0.015 1***	-0.031 6***	-0.023 4***
	(-4.87)	(-4.14)	(-6.79)	(-5.71)
aver_age	-0.014 1***	-0.001 9	-0.007 8***	-0.004 8***
	(-9.30)	(-1.22)	(-3.78)	(-2.61)
t	-0.049 6***	-0.070 0***	-0.048 6***	-0.082 7***
	(-17.85)	(-27.81)	(-12.58)	(-24.33)
region	已控制	已控制	已控制	已控制
cons	0.437 8***	0.223 6***	0.455 9***	0.416 2***
	(8.18)	(4.16)	(7.15)	(7.41)
N	1275	1275	991	991
调整 R^2	0.524 7	0.511 7	0.230 1	0.456 8
F 值	178.632 4	224.183 1		
Wald chi2 值	—	—	591.057 0	795.616 3
P> chi2	—	—	0.000 0	0.000 0

第4章 劳动力流动对城市劳动力市场的影响

(3) 劳动力流动对工资率的影响

表 4-5 为劳动力流动对城市工资率的回归结果。其中，模型 (9) 和 (10) 分别为 OLS 和 2SLS 的回归结果，模型 (11) 至模型 (14) 观察的是劳动力流动对城市劳动力市场的本地工资水平的短期和中长期影响。模型 (11) 至模型 (14) 的估计策略是：将前一期的外来迁移比例对数作为核心解释变量，对之后期的市场工资率的对数进行回归，以此来观察劳动力流动对城市工资率的中长期以及短期影响。例如，如果想要观察劳动力流动对 1990 年后的城市本地工资的影响，则核心被解释变量的则是 1990 年的迁移比例对数，被解释变量是 2000—2015 年的对数工资，因为解释变量和被解释变量均为对数，则其回归系数代表的是迁移对城市本地工资水平的弹性，也即 1% 的迁移比例变化所能引起的工资水平的变动程度。由于上述代表劳动力流动的核心解释变量属于前定变量，因此不存在内生性的问题，所以回归方程采取的是 OLS 回归方法。

对比模型 (9) 和模型 (10) 的回归结果，OLS 回归和 2SLS 回归是均是正向显著的，但是两者存在显著的差异，系数值从 0.127 6 提高到 0.180 7，表明 OLS 回归低估了外来劳动力对城市工资率的影响。根据模型 (10)，迁移的系数为 0.180 7，表明外来劳动力的比例每提高 10%，城市劳动力市场的对数工资会大约提高 1.8%，即对数工资从 7.649 提高到 7.787，意味着实际工资从 2 098.55 元提高到 2 408.83 元，提高比例为 14.76%。这意味着劳动力流动对城市本地劳动力的工资水平有显著的提升作用。该结论与刘学军和赵耀辉[117]707 的结论相反，他们的研究结论是基于 2005 年 1% 的人口抽样调查数据得到，观察的是同一时点上迁移对工资率的影响。从中长期看，大量低成本的劳动力进入城市后能够扩大劳动力市场规模，刺激生产和需求，经济增长成果能在更大范围内分配，使得所有人的收入增加[205]。而且，当前劳动力市场供求关系较 2005 年前后也发生了较大变化，劳动力供给弹性和替代弹性也存在动态变化。观察模型 (11) 至模型 (14)，可以发现劳动力流动对工资率的作用均是正向显著的，但不同时期的弹性值存在明显差异。根据表 4-5，1990 年的迁移比例对 2000—2015 年的工资的长期弹性值为 0.036 7，2000 年的迁移比例对 2005—2015 年的弹性值为 0.191 1，2005 年的迁移对 2010—2015 年的工资弹性为 0.114 2，2010 年的迁移比例对 2015 年的工资水平的弹性为 0.217 9。以上回归结果表明迁移对工资率的存在显著的短期和中长期影响，并且这种作用在短期内更明显。

表 4-5 劳动力流动对城市工资率的影响

	(9) OLS	(10) 2SLS	(11) OLS	(12) OLS	(13) OLS	(14) OLS
	wage	wage	wage_2000—2015	wage_2005—2015	wage_2010—2015	wage_2015
mr2	0.127 6***	0.180 7***	—	—	—	—
	(9.88)	(5.25)				
mr2_1990	—	—	0.036 7***	—	—	—
	—	—	(2.98)			
mr2_2000	—	—	—	0.191 1***	—	—
	—	—	—	(9.26)		
mr2_2005	—	—	—	—	0.114 2***	—
	—	—	—	—	(7.21)	
mr2_2010	—	—	—	—	—	0.217 9***
	—	—	—	—	—	(7.27)
industry	0.001 5***	0.001 3***	0.001 2	0.001 0*	0.000 9	-0.001 2
	(2.80)	(2.71)	(1.59)	(1.70)	(1.40)	(-1.58)
aver_edu	0.016 0*	0.020 7**	-0.016 1***	-0.001 5	-0.000 6	-0.006 5*
	(1.66)	(2.29)	(-4.34)	(-0.49)	(-0.21)	(-1.71)
aver_age	-0.001 7	0.002 6	0.040 9***	0.014 2	0.063 8***	0.037 8**
	(-0.56)	(0.66)	(3.47)	(1.43)	(4.71)	(2.32)
t	0.601 9***	0.614 3***	0.585 0***	0.574 2***	0.525 5***	—
	(58.67)	(57.75)	(48.07)	(57.55)	(30.88)	
region	已控制	已控制	已控制	已控制	已控制	已控制
cons	5.462 0***	5.287 7***	5.612 5***	4.846 0***	4.851 6***	7.587 7***
	(36.48)	(40.34)	(28.04)	(30.45)	(31.40)	(29.98)
N	847	817	506	774	559	274
调整 R^2	0.863 3	0.858 8	0.854 5	0.860 8	0.720 0	0.341 9
F 值	717.688 2	—	404.188 3	679.888 0	219.830 2	21.742 9
chi2 值	—	4.9e+03	—	—	—	—

4.5 不同分类标准下劳动力流动对城市劳动力市场的影响

以上分析了劳动力流动对城市劳动力市场的平均影响，然而在 1990—2015 年期间，中国处于改革开放的高速发展期，不同时期、不同地区和不

第4章 劳动力流动对城市劳动力市场的影响

同资源类型的城市经济发展呈现不同的特征,因此有必要对不同时期、不用地区和不同资源类型城市中劳动力流动对劳动力市场的影响作进一步探析,从而能够全面地了解劳动力流动在此经济发展期间所扮演的角色,加深对不同时期实施的劳动力流动和经济发展政策的内在逻辑理解。

在本节中,依然采用工具变量法的 2SLS 回归方法,表 4-6、表 4-7 和表 4-8 是采用工具变量后的回归结果。在以下各表格中,只报告了核心解释变量迁移比例对数的回归系数和 T 值以及显著性,为节省篇幅,省略了其余控制变量的回归结果和及其他统计量,控制变量跟 4.4 中的回归方程相同。

4.5.1 不同时期劳动力流动对城市劳动力市场的影响

表 4-6 中列出了不同时期劳动力流动对失业率(包括调查失业率和登记失业率)、劳动参与率(包括总的劳动参与率和本地劳动参与率)和本地工资水平的回归系数和显著性。具体来看,2000 年,劳动力流动对调查失业率的影响显著为负,系数大小为 -1.075,通过了 5% 显著性水平检验;2010 年,劳动力流动的影响显著为正,系数大小为 0.340,通过了 1% 显著性水平检验;而到了 2010 年,劳动力流动的影响为负,但并不显著;2015 年,劳动力流动的影响显著为负,系数大小为 -0.197,通过了 1% 的显著性水平检验。以上回归结果表明,除了 2005 年外,劳动力流动能够显著降低调查失业率。而对于代表本地失业率的登记失业率,劳动力流动的影响均为负,但并不显著,也即劳动力流动并没有对本地劳动力的造成显著的负面影响,没有对城市本地人口的就业产生负面冲击。除 2005 年外,劳动力流动对于其他时期城市总劳动参与率的影响均显著为正,2000 年、2010 年和 2015 年的回归系数分别为 0.193、0.101 和 0.026,可以发现,尽管劳动力流动提高了总的劳动参与率,但其影响程度随着时间的推移越来越小。除 2000 年外,劳动力流动对本地劳动参与率的影响显著为负,其回归系数分别为 -0.086、-0.136 和 -0.073,通过了 1% 的显著性检验,在 2000 年,劳动力流动对本地劳动参与率的影响显著为正,其系数大小为 0.201,即表明,1% 的迁移比例提高会促使本地劳动参与率提高 0.201%,这可能与 20 世纪末我国国有企业体制改革导致的大量失业有关,即迁移人口进入城市很容易促使本地人口的劳动参与率提高。而后期劳动力流动对本地劳动参与率的影响为负,可能跟经济就业比较充分,外来人口与本地劳动力之间存在一定的竞争性有关。与此类似,除了 2000 年,劳动力流动对本地劳动力工资

水平的影响显著为正，2005年、2010年和2015年的迁移系数分别为0.270、0.285、和0.152，并且均通过了1%的显著性检验。这意味着，在大多数时期，劳动力流动对城市本地人口的工资水平的影响是正向显著的，对本地劳动参与率的影响是负向的，劳动力流动对本地劳动者的影响表现在提高了本地劳动者的保留工资，即迁移人口的到来，促使本地劳动者提高自己的保留工资，而企业更愿意选择工资要求较低的外来劳动力，从而导致部分本地劳动者退出劳动力市场，表现为本地劳动者的劳动参与率下降。

表 4-6 不同时期劳动力流动对城市劳动力市场的影响

被解释变量	2000年	2005年	2010年	2015年
调查失业率	-1.075 3 ** (-2.33)	0.340 1 *** (2.72)	-0.082 9 (-0.82)	-0.197 0 *** (-2.73)
登记失业率	-0.607 0 (-1.03)	-0.093 5 (-0.71)	-0.264 2 (-1.59)	-0.093 7 (-1.03)
劳动参与率	0.193 3 *** (2.59)	-0.017 9 (-0.92)	0.101 1 *** (3.43)	0.026 1 * (1.87)
本地劳动参与率	0.200 5 ** (2.10)	-0.085 6 *** (-3.35)	-0.135 6 *** (-4.03)	-0.073 2 *** (-5.56)
工资水平	-1.232 0 (-1.21)	0.270 0 *** (5.31)	0.285 1 *** (4.82)	0.152 2 *** (6.79)

4.5.2 东中西部地区劳动力流动对城市劳动力市场的影响

表4-7中列出的是东部、中部、西部城市不同地区劳动力流动对城市劳动力市场影响的回归结果。在东部地区和西部地区，劳动力流动对调查失业率的影响是负向显著的，回归系数分别为-0.126和-0.230，即提高1%迁移比例会降低东部地区和中部地区城市0.126%和0.230%的调查失业率，而西部地区的影响虽然为负，但是并不显著，而劳动力流动对登记失业率的影响只有东部地区是正向显著的，其系数为-0.351，通过了1%的显著性水平检验，以上结果表明劳动力流动能显著降低东中部地区的总的失业率和东部地区的本地失业率，其他地区则不显著。劳动力流动对东中部地区劳动参与率的影响是为正向显著的，系数分别为0.065和0.035，对西部地区的影响并不显著；而对东部地区和西部地区的本地劳动参与率的影响则是负向显著的，系数分别-0.153和-0.050，而对中部地区的本地劳动参与率的影响并不显著。对于东部地区城市而言，劳动力流动虽然降低了本地的劳动参与

率，但对总体的劳动参与率有提升作用，对于东部地区而言，劳动力流动并没有对本地劳动参与率造成负面影响，对总劳动参与率有正面影响，对于西部地区而言，劳动力流动对本地劳动参与率的作用是负向的，而对总劳动参与率则并没有显著的作用。而劳动力流动对东中西部的工资水平的影响均是正向显著的，其系数分别为 0.255、0.200 和 0.241，其影响程度的排序是东部第一、西部次之、中部最末。

表 4-7 各地区城市劳动力流动对城市劳动力市场影响回归结果

被解释变量	东部地区	中部地区	西部地区
调查失业率	-0.1264* (-1.65)	-0.2299** (-2.38)	-0.0127 (-0.10)
登记失业率	-0.3506*** (-3.72)	0.1288 (0.89)	-0.1424 (-0.99)
劳动参与率	0.0654*** (4.32)	0.0352* (1.66)	-0.0076 (-0.36)
本地劳动参与率	-0.1530*** (-8.04)	0.0016 (0.07)	-0.0498** (-2.47)
工资水平	0.2547*** (7.59)	0.1995*** (4.34)	0.2413*** (4.79)

4.5.3 不同资源类型城市中劳动力流动对城市劳动力市场的影响

表 4-8 列出了劳动力流动对资源型城市和非资源型城市劳动力市场影响的回归结果。根据回归结果可以发现，劳动力流动对非资源型城市和资源型城市的调查失业率的影响为负，但并不显著；劳动力流动对非资源型的登记失业率存在显著的负向影响，即迁移比例每提高 1%，非资源型城市的本地失业率会下降 0.276%，但对资源型城市的登记失业率的影响并不显著。劳动力流动对非资源型城市劳动参与率的影响是正向显著的，回归系数且 0.057，但劳动力流动对资源型城市劳动参与率的影响不显著。劳动力流动对非资源型城市和资源型城市的本地劳动参与率的影响均是负向显著的，回归系数分别为 -0.098 和 -0.049，可以发现，劳动力流动对非资源型城市本地劳动参与率的影响程度是资源型城市的两倍，表明迁移比例的提高降低了本地劳动参与率，对城市本地劳动参与产生了负面影响。而观察劳动力流动对城市本地工资水平的影响可以发现，其对非资源型城市和资源型城市的影响显著为正，并且回归系数为 0.264 和 0.143，非资源型城市中劳动力流动

对工资水平的提高程度要比资源型城市高。根据以上分析可以发现，劳动力流动对非资源型城市的登记失业率和劳动参与率均有显著的影响，而对资源型城市这两者的影响则并不显著，这可能是因为相对于非资源型城市而言，资源型城市可能存在"资源诅咒"的现象[206]，也即资源丰富的地区过于依赖资源禀赋，导致区域产业结构单一，经济畸形发展，并且投资环境较差，缺乏经济发展的外部动力[207]，从而对劳动力市场的就业创造不足，外来劳动力的进入会加剧竞争，对整体的劳动力市场的失业率和劳动参与率形成负面作用。

表 4-8 不同资源类型城市劳动力流动对城市劳动力市场影响的回归结果

被解释变量	非资源型城市	资源型城市
调查失业率	-0.083 (-1.12)	-0.107 (-1.08)
登记失业率	-0.276*** (-3.25)	0.015 (0.11)
劳动参与率	0.057*** (3.90)	-0.015 (-0.76)
本地劳动参与率	-0.099*** (-5.82)	-0.049** (-2.43)
工资水平	0.264*** (7.99)	0.143*** (3.49)

4.6 本章小结

本部分利用中国城市流动人口与经济社会指标数据库，考察1990—2015年劳动力流动对城市劳动力市场的真实影响。研究发现，外来人口是城市劳动力市场的重要组成部分并且继续呈现提升态势，城市劳动力市场中外来劳动力比例从1990年已经提高到2010年的39.56%，外来劳动力的受教育年限从略微低于本地劳动力受教育年限0.72~1.15年，平均劳动年龄比本地劳动力年轻2.62~7岁，城市劳动力市场中的迁移劳动力呈现出劳动年龄结构更年轻、人力资本水平与本地劳动力相当甚至更高的特征。实证模型中采取早期外来劳动力就业比例、距最近交通枢纽的铁路距离为工具变量来解决内生性问题，得到了具有一致性的估计结果，主要研究结论如下。

第一，劳动力流动对城市劳动力市场总体上呈现积极影响，劳动力流动

第4章 劳动力流动对城市劳动力市场的影响

有助于改善城市劳动力市场状况。研究表明，迁移劳动力比例每提高1%，城市调查失业率大约下降0.94%。迁移劳动力是城市劳动力市场中最活跃群体，通过扩大劳动力市场规模，提高劳动力资源配置效率，为城市经济扩张、转型升级、扩大内需等注入动力，城市劳动力市场繁荣将能够使外来人口和本地人口共同获益。实证分析也表明，迁移劳动力并没有对城市本地户籍人口造成显著的负面影响，认为外来人口挤占本地人就业岗位的传统观念得不到证据支持。

第二，尽管劳动力流动对城市本地人口劳动参与率产生负面效应，但对总体劳动参与率存在积极影响。研究表明，迁移劳动力比例每提高1%，会导致城市本地人口劳动参与率大约下降0.03%，总体劳动参与率大约提高0.08%。尽管移民在短期对城市本地的居民劳动参与率有负面影响，但却对总的劳动参与率存在积极的影响。劳动力迁移对于城市本地人口的潜在负面效应主要表现为，在劳动力市场竞争中处于不利位置的城市本地人口倾向于退出劳动力市场，而并非处于失业状态。劳动参与率反映城市经济活跃度，即劳动年龄人口是否有强烈的意愿参与到经济活动中，已有研究表明，劳动参与率是潜在经济增长率的重要贡献来源，一个百分点的劳动参与率大约对应0.19%（2016—2020年）的潜在经济增长率[208]。在人口老龄化背景下，世界各国采取诸多改革举措旨在能够提高全社会整体劳动参与率。劳动力流动对城市总体劳动参与率的影响为正，也意味着劳动力流动不仅能够从总的层面上为城市劳动力市场补充劳动力，而且能够优化资源的配置，提高经济的潜在增长率。

第三，劳动力流动对城市本地居民的工资水平存在正面影响。研究表明，迁移劳动力比例每提高1%，反映城市本地居民工资水平的在岗职工平均对数工资大约提高0.18%，即实际工资水平提高约1.48%。迁移劳动力在改善自身经济状况的同时，也显著提高了城市本地居民的工资水平，从经济福利来看，迁移劳动力与本地劳动力之间呈现"互利共赢"而非"此消彼长"关系。进一步研究表明，迁移劳动力对2000—2015年、2005—2015年、2010—2015年和2015年城市工资率的弹性值分别为0.04、0.19、0.11和0.22，意味着劳动力流动能够在较长时期提升城市本地居民工资水平。迁移劳动力融入城市稳定就业，持续扩大劳动力市场规模，不断提高分工水平，最终有助于同时改善迁移人口与本地人口福利。而且，迁移劳动力对城市劳动力市场的工资效应相对大于就业效应。研究表明，劳动力流动对城市失业率、劳动参与率的弹性系数要小于城市工资率，在人口老龄化加深、劳动力供给趋紧情况下，劳动力流动从供给角度对于城市总体就业形势的影响减弱，从需求角度对城市经济发展和劳动力市场影响增强，劳动力流动持续扩大城市市场规模，引致需求和投资使得城市本地人口也能够分享经济增长成果，表现为工资水平显著提高。

为了考察异质性劳动力市场中劳动力流动的影响，我们进一步把城市按照不同分类标准划分成不同类型，尽管回归结果略有差异，但总体结果与前面结论类似。按照不同时期来看，在2000年、2005年、2010年和2015年，劳动力流动对调查失业率的回归系数分别为-1.08、0.34、-0.08（不显著）和-0.20，总体上劳动力流动能够降低调查失业率，劳动力流动对本地人口的登记失业率没有显著的负向影响，对总的劳动参与率的回归系数为0.19、-0.02（不显著）、0.10和0.03，总体影响为正，对本地劳动参与率的回归系数为0.20、-0.09、-0.14、-0.07，影响总体为负，其对工资水平的回归系数为-1.23（不显著）、0.27、0.29和0.15，影响总体为正。按照东中西部城市区域来看，在东中西部城市地区，劳动力流动对调查失业率的回归系数分别为-0.13、-0.23和-0.01（不显著），总体上劳动力流动能够降低调查失业率，劳动力流动对本地人口的登记失业率没有显著的负向影响，并且能够降低东部地区的登记失业率，对总的劳动参与率的回归系数为0.07、0.04和-0.01（不显著），能够提高总的劳动参与率，对本地劳动参与率的回归系数为-0.15、0.001（不显著）和-0.05，影响总体为负，劳动力流动对工资水平的回归系数为0.25、0.20、0.29和0.24，劳动力流动能够显著提高本地劳动者的工资水平。按照非资源型城市和资源型城市来看，劳动力流动对两者的调查失业率均不显著，但是劳动力流动显著降低非资源型城市的登记失业率，而对资源型城市的影响不显著；劳动力流动能够显著提高非资源型城市的劳动参与率，对资源型城市则不显著；但是对两类城市本地劳动参与率的均有负面作用，但能显著提高两类城市的工资水平。

第 5 章　中国城市的产业升级及其特征

本部分主要对中国城市的产业升级及其主要特征进行描述性统计，结构安排如下：首先梳理了中国产业升级的政策背景，并从国家层面分析其不同经济发展阶段的三次产业特征；其次，从产值和就业两个方面对1990—2015年城市（市辖区口径）城市层面的产业升级特征进行刻画，最后，对本部分内容做一个小结。

5.1　中国产业升级的政策背景和阶段性特征

改革开放以来，中国从一个落后的农业国发展成世界第一的工业制造大国，无疑得益于中国的经济改革和产业发展。在不同的经济发展阶段，政府有针对性地实施了不同的产业发展战略和政策。尽管政府过多主导要素配置的产业政策在实际过程中受到很多诟病，但相对传统计划经济体制，产业政策的实施和推广对中国计划经济渐进转轨和经济赶超具有"双重效应"[209]。一般而言，产业政策是政府为解决产业结构失衡和层次低等经济发展中的问题、实现产业转型升级和优化发展而制定的一种相对长期的、供给侧管理的经济政策[210]。以市场化改革为阶段划分标准，梳理中国产业升级背后的政策背景和产业结构变化，从而总结概括中国产业升级的阶段性特征。四十年的改革开放可以划分为五大阶段：

（1）1978—1984年：改革开放初期

由高度计划体制到允许个体私营经济发展，并提出有计划的商品经济体制。1978年党的"十一届三中全会"以来，我国开始了对高度集中的计划经济体制的改革，逐步允许商品经济发展，并在1984年的"十二届三中全会"上，明确提出建立有计划的商品经济体制，开始逐步培育市场体系。该阶段的经济发展战略是东部地区率先发展，产业发展的重心逐步向东部地区倾斜。具体政策包括："六五计划"（1981—1985年）；1980年设置深圳、珠海、汕头和厦门4个经济特区；1984年，开放上海、广州等14个沿海城市，并且逐步设立经济技术开发区和国家级经济开发区等工业园区，包括财政、税收、信贷、投资等方面给东部地区一系列的优惠政策。

该阶段产业结构的主要特征表现为：第一产业吸纳的就业人数最高，但占比下降，产值占比排第二，但第一产业对 GDP 的贡献大幅提高；第二产业的产值占比和对 GDP 的贡献最高，但呈现下降趋势。从产业内部结构来看，第一、第二产业 GDP 占比较高，第一、第三产业 GDP 占比均呈现上涨趋势，其占比从 1978 年的 27.7%、24.6% 分别上涨到 1984 年的 31.5% 和 21.5%，第二产业的 GDP 占比略有下降，从 47.7% 下降到 42.9%；从就业结构来看，第一产业人数占据绝对优势，但呈现下降趋势，从 70.5% 下降到 64.0%，第二、第三产就业占比呈上涨趋势，分别从 17.3% 和 12.2% 上涨到 19.9% 和 16.1%；从对 GDP 的贡献率来看，第一产业贡献率呈现大幅上升趋势，从不到 10% 上涨到 25.6%，第三产业略有上升，从 28.4% 上涨到 31.7%，第二产业呈现下降趋势，从 61.8% 下降到 42.7%，但从绝对优势来说，第二产业对 GDP 的贡献第一，第三产业次之，第二产业最低。

(2) 1985—1992 年：双轨制时期

由有计划的商品经济向市场经济转变，并提出了社会主义市场经济体制。商品经济是市场经济的初级阶段，向市场经济迈进是我国改革开放的坚定目标。1992 年，党的"十四大"明确提出了建立社会主义市场经济体制，中国的市场化步伐进一步加快。同时，这一制度在当时中国恢复关贸总协定（GATT）的谈判中得到各成员的认可和肯定，中国对外开放的步伐也加快。"七五"计划（1986—1990 年）从战略上明确提出按照东中西部三大经济带序列推进区域经济发展。在该阶段，比较重要的产业政策为 1989 年国务院颁布的《关于当前产业政策要点的决定》，主要侧重于基础产业的发展，尤其是对于有效增加供给的产业。

该阶段产业结构特征为：第二产的产值占比最高，第三产业次之，第一产业最低；第一产业就业占比将近 60%，第二、第三产业的比例接近；第二产业贡献率最高，第三产业次之，第一产业最低。具体的产业结构变化趋势表现为：第二产业和第三产业的产值占比逐渐上涨，第一产业产值占比呈现下降趋势；就业结构中第一产业占比逐渐下降，第二、第三产业占比略有上升；第一产业对 GDP 的贡献率大幅下降，第二产业的贡献率上升，第三产业的贡献率也有所上涨。从 1984—1992 年，第一产业的产业占比从 31.5% 下降到 21.3%，第二产业占比从 42.9% 上涨到 43.1%，而第三产业占比从 25.5% 上涨到 35.6%，可以发现第一产业产值下降了约 10 个百分点，而第三产业则增加了 10 个百分点；第一产业就业比例从 64.0%下降到 58.5%，下降了 5.5 个百分点，第二产业和第三产业就业分别从 19.9%和 16.1%上升到 21.7%和 19.8%，略有上升；第一、第三产业对 GDP 的贡献率从 25.6%和 31.7%下降到 8.1%和 28.7%，第二产业的贡献率则从 42.7%上升到 63.2%，上涨了 20.5%。

（3）1993—2001 年：社会主义市场经济时期

明确提出以市场调节为主、政府调控为辅的方针，市场化改革和对外开放相互促进，均取得重要进展。1993 年，党的"十四届三中全会"特别指出要建立社会主义市场经济体制，强调市场对资源配置的基础性作用，对国有企业经营机制进行改革，建立适应市场经济的现代企业制度。2001 年中国加入 WTO，为改革和开放注入了更大的活力。在该阶段，主要实施的产业政策有：1994 年颁布的《90 年代国家产业政策纲要》；1995 年发布《外商投资产业指导目录》（分别于 1997 年、2002 年、2004 年、2007 年、2011 年、2015 年、2017 年进行修订）；1997 年发布的《当前国家重点鼓励发展的产业、产品和技术目录（试行）》（2000 年 7 月修订）；1999 年的《当前优先发展的高技术产业化重点领域指南》（2001 年修订）。该阶段的产业政策主要针对对于关系国家民生和国家薄弱环节的高技术行业发展，并强调产业的应用和比较优势。

在此背景下，该阶段产业结构的特征和变化趋势为：第二产业产值占比仍然第一，变化不大，第三产业次之，其占比在不断上升并接近于第二产业，第一产业的占比最低，保持持续下降的趋势；对于就业结构来说，第一产业的就业比例超过一半，但呈下降趋势，第二产业和第二产业均在 20%多，呈上升趋势，第三产业的上升趋势快于第二产业；第二、第三产业的贡献率之和占到了 90%以上，第一产业贡献率继续下降。具体的变化为：第一产业的产业占比从 1992 年的 21.3%下降到 14.0%，下降了 7.3%，第二产业占比从 43.1%上升到 44.8%，第三产业的产值占比从 35.6%上升到 41.2%，上升了 5.6%；第一产业的就业占比从 58.5%下降到 50.0%，第二产业占比从 21.7%上升到 22.3%，第三产业从 19.8%上升到 27.7%，上涨了 7.9 个百分点；第一、第二产业对 GDP 的贡献率分别从 8.1%和 63.2%下降到 4.6%和 46.4%，分别下降了 3.5%和 16.8%，而第三产业的贡献率则从 28.7%上升到 49%，上涨了 20.3 个百分点。可以发现，在该阶段，第一产业产值占比、就业占比和对 GDP 的贡献率均下降，第二产业产值和就业变化不大，但贡献率下降幅度较大，第三产业的产值占比、就业占比和贡献率均上升，尤其是对 GDP 的贡献率，上升幅度最大，表明在阶段内，产业结构逐渐从第一产业向第二、第三产业转变，经济结构逐渐升级。

(4) 2002—2012年：改革开放加速期

市场化改革进一步推动，效率和公平兼顾，经济和社会更加协调。在科学发展观思想指导下，开始了转变经济发展方式，经济建设以从前一阶段的重化工为主导的发展模式向技术密集型高技术产业主导的发展模式转换，促进了经济结构快速升级。同时，加入WTO后中国充分利用比较优势和专业化分工，通过"干中学"促进产业升级，出口导向的工业化战略取得巨大成功，中国经济的开发程度进一步提高，改革和开放都取得巨大成就。在地区发展战略上，提出和实施西部大开发（2000年）、中部崛起（2006年）和东北老工业基地振兴（2003年）等重大战略。此时，中西部地区的经济增长来源于东部地区的产业转移，这被认为是国内版"雁阵理论"发挥的作用。2001年政府启动了行政审批改革，为企业自由进入和退出一个行业创造了更加宽松的环境。据统计，2001—2012年国务院已分6批共取消和调整了2 497项行政审批项目，占原有总数的69.3%。在该阶段，主要实行的产业政策有：2002年的《国家产业技术政策》；2004年的《当前优先发展的高技术产业化重点领域指南》；2005年的《关于促进产业结构调整的暂行规定》和《产业结构调整目录》，这是首次颁布的指导目录；2006年的《国务院关于加快推进产能过剩行业结构调整的通知》，并在"十一五"规划提出要加快发展高技术产业，形成具有自主创新和品牌的先导产业；2009年的《十大重点产业调整与振兴规划》；2011年的《产业结构调整目录（2011年本）》；2012年的《"十二五"国家战略性新兴产业发展规划》。该阶段的产业政策主要集中在发展高技术展业和战略新兴性产业，并淘汰落后产能，促进产业升级。

在上述一系列的产业政策背景下，该阶段的产业结构和发展特征为：第二、第三产业的产值占比相近，呈上升趋势，第一产业占比不到10%，呈下降趋势；第一产业的就业占比下降，第二、第三产业就业上升，三者的比例比较接近；从对GDP的贡献率来看，第二、第三产业贡献相近且占据优势，第一产业占比在5%左右。从2001—2012年，第一产业产值占比从14%下降到9.4%，呈现下降趋势，第二、第三产业的比例分别从44.8%和41.2%上升到45.3%和45.3%；从就业结构来看，第一产业的就业比例降至33.6%，下降了16.4个百分点，而第二、第三产业分别上涨了8.0%和8.4%，分别为30.3%和36.1%；而三次产业对GDP的贡献率分别变为5.2%、46.4%和49.0%，其中第一、第二产业分别上涨了0.6%和3.5%，第二、第三产业则下降了4.1%。以上的分析表明，该阶段的主要特征是农业就业人员向非农行业的转移,第二产业和第三产业的产值占比、就业占比和贡献率占据绝对优势。

(5) 2013 年以来:全面深化改革时期

党的十八大以后,党和政府强调经济体制改革是全面深化改革的重点,市场在资源配置中起决定性作用,更好地发挥政府作用,坚持和完善社会主义基本经济制度。另外,中国从整体上布局京津冀协同发展、新一轮东北老工业基地振兴、长江经济带等区域经济发展战略,进一步协调产业发展,呈现出"经济新常态"特征。该阶段的主要产业政策有:2014 年的《国务院关于进一步优化企业兼并重组市场环境的意见》;2015 年发布的《中国制造 2025》;2016 年的《国家创新驱动发展战略纲要》。该阶段的产业政策主要强调创新和高技术发展。

从 2012—2017 年的产业结构及变化趋势来看,第一产业产值占比、就业占比和贡献率进一步下降,第二产业产值和就业以及贡献率也有所下降,但仍然占比较大,第三产业的产值占比、就业比例和贡献率则呈上升趋势,并且超过了第二产业,成为国民经济的主导产业(图 5-1)。分产业来看,第一、第二产业的产值占比分别下降到 7.9% 和 40.5%,下降了 1.5 个百分点和 4.8 个百分点,而第三产业产值占比则上升到 51.6%,上升了 6.3 个百分点;而从就业结构来看(图 5-2),第一、第二产业的就业占比分别下降到 27.0% 和 28.1%,下降了 6.6% 和 2.2%,第三产业的就业比例从 36.1% 上升到 44.9%,上升了 8.8 个百分点;从对 GDP 的贡献来看(图 5-3),第一、第二产业下降了 0.3 个百分点和 13.6 个百分点,而第三产业则上升了 13.9 个百分点,2017 年第一、第二和第三产业对 GDP 的贡献率分别为 4.9%、36.3% 和 58.8%。以上分析表明,该阶段产业逐渐向第三产业转变。

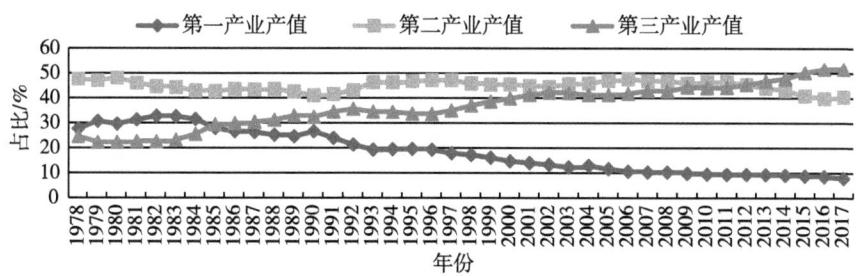

图 5-1 1978—2017 年三次产业产值占比变化趋势

(数据来源:国家统计局)

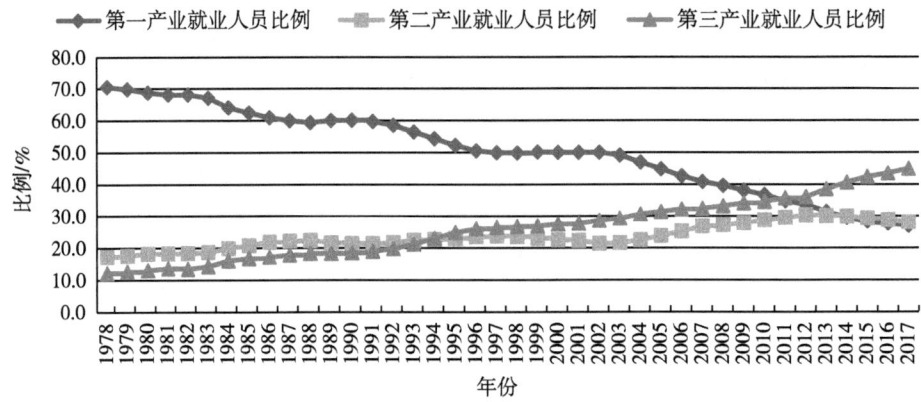

图 5-2 1978—2017 年三次产业就业占比变化趋势

（数据来源：国家统计局）

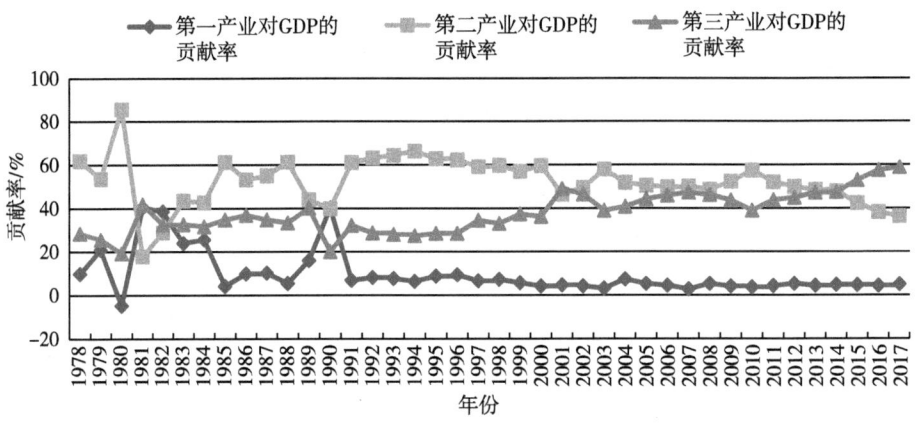

图 5-3 1978—2017 年三次产业对 GDP 的贡献率变化趋势

（数据来源：国家统计局）

5.2 中国城市产业升级的结构特征

5.2.1 数据来源

本节用于分析产业升级结构特征的数据主要来源于 1990—2015 年《中国城市统计年鉴》的市辖区数据。以下主要分成两部分分析：一是城市

1990—2015 年间平均 GDP 变化和分产业产值结构变化。其中，GDP 是以 1990 年为基期按 GDP 折算指数折算的真实 GDP，由于城市层面的 GDP 折算指数数据缺失，因此利用的 GDP 折算指数为省级层面的，以消除价格因素的影响。二是 1990—2015 年城市平均就业变化和分产业就业结构变化。在以上分析框架下，继续细分为总体变化趋势分析、东部、中部、西部城市的对比分析和不同资源类型城市的对比分析。在以下分析中的图展现的是 1990—2015 年的连续变化（部分 1992 年和 1993 年的统计数据缺失），表中按照城市劳动力的统计口径，只显示了 1990 年、2000 年、2005 年、2010 年和 2015 年的统计数据。

5.2.2 1990—2015 年城市（市辖区）总生产产值变化趋势

如图 5-4 所示，1990—2015 年间城市的平均 GDP 呈现逐年上涨的趋势。将 1990—2015 年分为以下四个发展阶段并分别计算城市平均 GDP 的区间增长率，统计分析结果表明，1990—2000 年，城市的实际平均 GDP 从 1990 年的 28.34 亿元上涨到 2000 年的 88.47 亿元，年均增速为 13.01%；2000—2005 年，城市的实际平均 GDP 从 2000 年的 88.47 亿元上涨到 2005 年的 182.30 亿元，年均增速为 13.21%；2005—2010 年，城市的实际平均 GDP 从 2005 年的 182.30 亿元上涨到 2010 年的 347.61 亿元，年均增速为 13.78%；2010—2015 年，城市的实际平均 GDP 从 2010 年的 347.61 亿元上涨到 2015 年的 692.05 亿元，年均增速为 14.77%。以上分析表明，对于城市经济发展而言，其总体呈上涨趋势，并且 4 个发展阶段的区间增长率保持在 13%～15%，随着时间的推移，其增长率逐年上涨，对于总体经济发展而言，其产业生产总值增长速度越来越快。

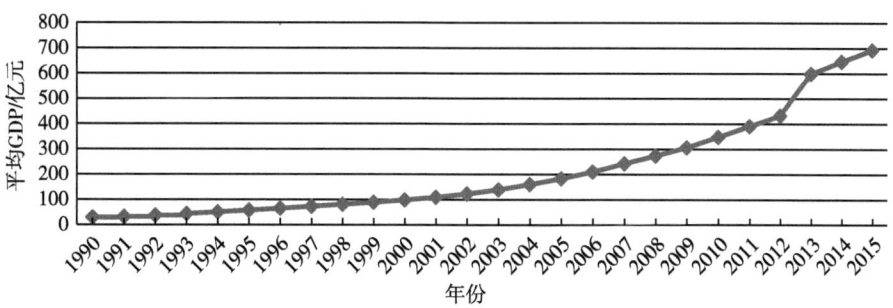

图 5-4 1990—2015 年城市平均 GDP 变化趋势

由图 5-5,可以发现,东部、中部、西部城市平均 GDP 均呈现上涨趋势,但东部地区的增长明显高于中部和西部地区,对于中部和西部地区的城市而言,在 2013 年以前,中部地区城市略微高于西部地区城市,但 2012 年以后,西部地区城市的平均 GDP 超过中部地区城市。将 1990—2015 年分为四个发展阶段并分别计算城市平均 GDP 的区间增长率,结果表明,1990—2000 年,东部地区城市的实际平均 GDP 从 1990 年的 41.67 亿元上涨到 2000 年的 157.17 亿元,年均增速为 14.19%;中部地区城市的实际平均 GDP 从 1990 年的 19.20 亿元上涨到 2000 年的 56.91 亿元,年均增速为 11.48%;西部地区城市的实际平均 GDP 从 1990 年的 19.67 亿元上涨到 2000 年的 49.22 亿元,年均增速为 9.61%。2000—2005 年,东部地区城市的实际平均 GDP 从 2000 年的 157.17 亿元上涨到 2005 年的 298.18 亿元,年均增速为 13.66%;中部地区城市的实际平均 GDP 从 56.91 亿元上涨到 103.11 亿元,年均增速为 12.62%;西部地区城市的实际平均 GDP 从 49.22 亿元上涨到 84.02 亿元,年均增速为 11.29%。2005—2010 年,东部地区城市的实际平均 GDP 从 2005 年的 298.18 亿元上涨到 2010 年的 565.22 亿元,年均增速为 13.64%;中部地区城市的实际平均 GDP 从 56.91 亿元上涨到 103.11 亿元,年均增速为 14.32%;西部地区城市的实际平均 GDP 从 84.02 亿元上涨到 158.08 亿元,年均增速为 13.47%。2010—2015 年,东部地区城市的实际平均 GDP 从 2010 年的 565.22 亿元上涨到 2015 年的 1 124.08 亿元,年均增速 14.74%;中部地区城市的实际平均 GDP 从 103.11 亿元上涨到 324.79 亿元,年均增速为 10.03%;西部地区城市的实际平均 GDP 从 158.08 亿元上涨到 471.18 亿元,年均增速为 24.41%。以上分析表明,在 1990—2005 年,三个地区的 GDP 增速是东部第一,中部次之,西部最低。2010—2015 年,中部第一,东部次之,西部最低;在 2010—2015 年,西部第一,东部次之,中部最后。原因主要在于东部地区城市的经济率先发展,

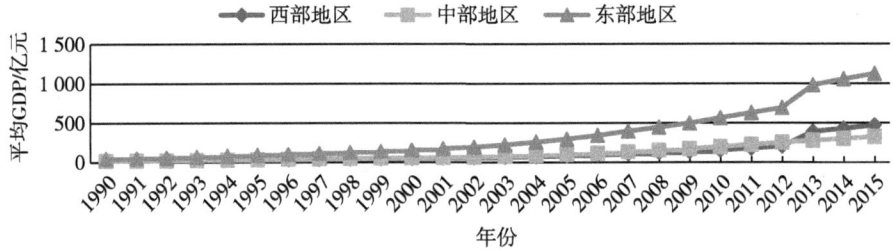

图 5-5 1990—2015 年分东中西部地区城市平均 GDP 变化趋势

并借助循环累积效应,一直保持着发展的优势,而中部和西部地区的发展则稍显滞后,发展趋势较为缓慢,但在近年来,西部地区城市的发展则逐渐超越中部地区城市的发展,这可能跟西部地区廉价的土地资源和人工成本有关,导致产业逐渐西迁,经济发展增速提高。

根据图5-6,1990—2015年,相比资源型城市,非资源型城市的平均GDP增长趋势快于资源型城市。同样将1990—2015年分为四个发展阶段,统计结果表明:1990—2000年,非资源型城市的实际平均GDP从35.41亿元上涨到127.46亿元,年均增速为13.66%;资源型城市的实际平均GDP从18.68亿元上涨到52.52亿元,年均增速为10.89%;2000—2005年,非资源型城市的实际平均GDP从127.46亿元上涨到238.60亿元,年均增速为13.36%;资源型城市的实际平均GDP从52.52亿元上涨到95.30亿元,年均增速为12.66%;2005—2010年,非资源型城市的实际平均GDP从238.60亿元上涨到453.11亿元,年均增速为13.69%;资源型城市的实际平均GDP从95.30亿元上涨到184.56亿元,年均增速为14.13%;2010—2015年,非资源型城市的实际平均GDP从453.11亿元上涨到940.26亿元,年均增速为15.72%;资源型城市的实际平均GDP从184.56亿元上涨到308.47亿元,年均增速为10.82%。以上分析表明,相对于非资源型城市,资源型城市平均发展速度较慢。这可能跟城市的发展路径有关。根据已有研究,资源型城市往往出现"资源诅咒"现象,即自然资源禀赋跟经济增长存在负相关关系[206,211]。已有研究的共识是:自然资源一旦对其他要素产生"挤出效应",会对经济增长产生不利影响。因此对出现以上现象的解释可能有以下两种:第一,对于资源型城市,资源部门的扩张会导致制造业的萎缩,并在长期的发展中形成路径依赖,导致产业链条的萎缩。第二,资源型

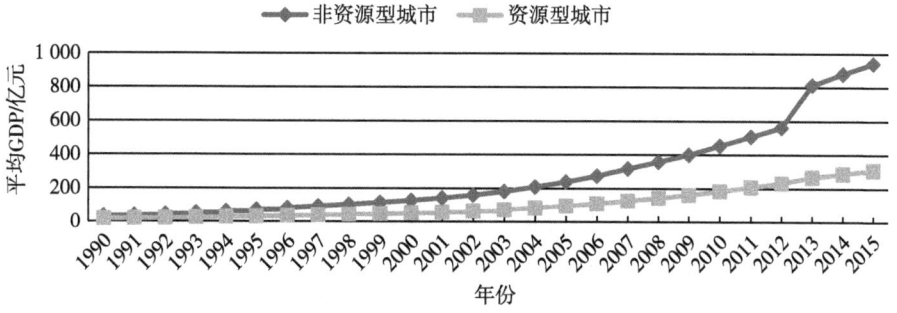

图5-6　1990—2015年分资源型城市和非资源型城市平均GDP变化趋势

城市丰富的资源禀赋条件长期内会造成地区的人力资本投入不足,导致经济发展的动力不足。

5.2.3 1990—2015年分产业产值变化趋势

由图5-7可知,1990—2015年,第一、第二和第三次产业产值占比总体分布是:第二产业第一、第三产业次之、第一产业排最低,并且第一、第二产业均呈现下降趋势,第三产业则呈现上涨趋势。1990—2015年分为四个阶段:1990—2000年,1990年第一、第二、第三产业的产值占比分比为15.80%、52.04%、29.50%,到2000年,第一、第二、第三产业的产值占比分别为9.68%、49.28%和41.03%,第一产业和第二产业分别下降了6.11%和2.76%,而第三产业占比则增加了11.53%;2000—2005年,第一产业和第二产业产值占比继续保持下降的趋势,分别下降了0.17%和0.83%;2005—2010年,第一、第二和第三产业的占比分别从9.03%、49.11%和41.86%变化为2010年的6.79%、51.68%和41.54%,第一、第三产业产值占比分别下降了2.25%和0.32%,第二产业占比则上升了2.57%;2010—2015年,第一、第二产业产值占比分别下降了0.19%和4.97%,而第三产业的占比则上升了5.16%,此时,三次产业的产值占比分别为6.6%、46.70%和46.70%。由以上分析可知,随着时间的推移,第一产业在三次产业中的比重越来越小,第二产业的比重有轻微的下降,而第三产业的比重则越来越大,表明产业结构正在从第一产业向第二产业、第三产业变化。

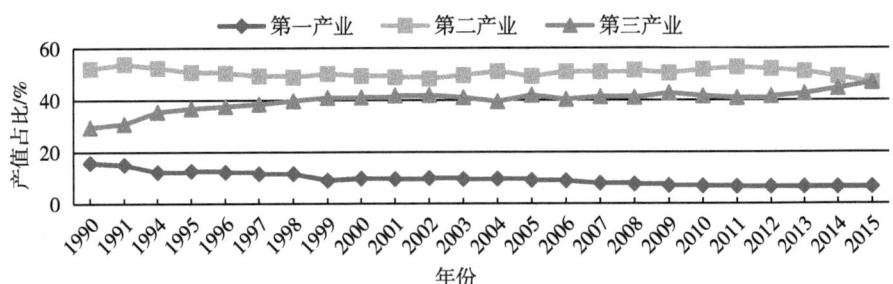

图5-7 1990—2015年第一、第二和第三产业产值结构变化趋势

将城市划分为东中西部城市,第一、第二和第三产业的产值结构跟总体产值结构一致,均是第二、第三产业的产值占比较高,第一产业产值占比较低;三者的产值结构变化趋势跟总体变化趋势一致,第一、第二产业产值占

比下降,第三产业占比上升,并且从以前的第二产业一枝独秀到最后的第二、第三产业并重。由表 5-1 可知,1990—2015 年,对于东部地区城市而言,第一产业的占比呈下降趋势,第二产业则是先上升后下降的趋势,第三产业的产业占比则呈现上升的趋势。1990 年,第一、第二和第三产业的产值占比为二产第一、第三产业次之、第一产业最后,三者的比例分别为 15.35%、49.81% 和 29.48%,到 2015 年,第一产业和第二产业的占比分别下降了 9.83%、3.02%,第三产业则上升了 17.20%,此时,第一产业的占比最低,为 5.52%,第二、第三产业的比例比较接近,为 46.78% 和 47.70%。对于中部地区城市来说,1900—2015 年,第一产业的占比也呈下降趋势,第二产业的占比呈现先下降后上升再下降的趋势,第三产业的占比则呈现上升的趋势。1990 年,第一、第二和第三产业的产值占比分别为 14.54%、54.90% 和 29.57%,到 2015 年,三者的占比为 6.44%、46.52% 和 47.04%,第一产业和第二产业占比分别下降了 8.11% 和 8.38%,第三产业占比增加了 17.47%。对于西部地区城市而言,其变化趋势与东部和中部地区一致,均是一二产业占比下降,第三产业占比上升。1990 年,第一、第二和第三产业的占比分别为 19.33%、51.25% 和 29.40%,到 2015 年,三者占比依次为 8.77%、46.89% 和 44.34%,第一、第二产业占比分别下降了 10.56%、4.36%,第三产业占比上升了 14.94%。对比东中西部地区的产值结构,可以发现,第一产业中,西部地区城市产值占比最高,中部次之,东部最低;第二产业各地区的占比相近;第三产业,则是东部地区占比最高、中部次之、西部最低。以上结果表明两点:一,在第一、第二和第三产业中,第一产业产值的重要性逐渐降低,第三产业产值的重要性则逐渐上升;二,在东中西部地区中,东部地区的发展较为先进,中部、西部则比较滞后,主要表现在第一、第三产业产值占比的差异上。

表 5-1 1990—2015 年分地区城市三次产业产值结构变化趋势　　　单位:%

地区	产业	1990 年	2000 年	2005 年	2010 年	2015 年
东部城市	第一产业	15.35	8.58	7.26	5.28	5.52
	第二产业	49.81	50.05	51.74	51.84	46.78
	第三产业	29.48	41.37	41.00	42.88	47.70
中部城市	第一产业	14.54	9.59	8.93	6.64	6.44
	第二产业	54.90	48.68	48.07	52.30	46.52
	第三产业	29.57	41.72	43.00	41.07	47.04

(续表)

地区	产业	1990年	2000年	2005年	2010年	2015年
西部城市	第一产业	19.33	12.47	12.50	9.89	8.77
	第二产业	51.25	48.80	46.07	50.26	46.89
	第三产业	29.40	38.74	41.43	39.85	44.34

由表5-2可知，对于资源型城市和非资源型城市而言，两者的产业结构变化趋势为第一、第二产业产值占比呈下降趋势，第三产业产值占比呈上升趋势；并且，三次产业结构也从一开始的第二产业的一枝独秀变为第二、第三产业并重。对于非资源型城市而言，1990年，第一、第二和第三产业的产值结构为16.08%、49.18%和31.61%，到2015年，三者的结构变为6.37%、45.84%和47.79%，第一产业和第二产业产值占比分别下降了9.71%和3.34%，第三产业产值占比上升了16.18%。对于资源型城市来说，第一、第二和第三产业的产值结构为15.36%、56.48%和26.23%，到2015年，三者的结构为6.93%、48.01%和45.06%，第一产业和第二产业产值占比分别下降了8.43%和8.47%，第三产业产值占比上升了18.83%。比较非资源型城市和资源型城市的三次产业结构，可以发现，相比较非资源型城市，资源型城市的第二产业产值占比较高，而第一产业的和第三产业的产值占比则相对较低。

表5-2　1990—2015年不同类型城市三次产业产值结构变化趋势　　单位:%

类型	产业	1990年	2000年	2005年	2010年	2015年
非资源型城市	第一产业	16.08	10.14	9.22	6.79	6.37
	第二产业	49.18	46.51	46.56	49.13	45.84
	第三产业	31.61	43.36	44.22	44.08	47.79
资源型城市	第一产业	15.36	8.95	8.75	6.78	6.93
	第二产业	56.48	53.75	52.85	55.44	48.01
	第三产业	26.23	37.29	38.39	37.79	45.06

注：由于表中第一、第二和第三产业占比计算的是城市的平均值，因此，第一、第二和第三产业产值之和有可能不等于1。

5.2.4　1990—2015年总的平均就业量变化趋势

如图5-8所示，1990—2015年，城市平均就业量呈现先上升，后下降，最后逐渐上升的趋势。以1997年和2001年为转折变化点，将1990—2015年份为三个阶段，第一阶段为1990—1997年，城市平均就业人数呈现上涨趋势，从1990年的49.96万人（257个城市）上涨到1997年的76.90万人（221个城市），年均增长率为4.97%；第二阶段为1997—2001年，由于国有企业改革和就业制度的变化，城市平均就业人数呈现断崖式下降趋势，从1997年的76.90万人下降到2001年的25.92万人（260个城市），年均增长率为-22.03%；第三个阶段则是2001—2015年，城市平均就业量呈现缓慢上升趋势，平均就业量逐渐上升到2015年76.88万人，年均增长率为8.07%。出现以上变化的宏观经济原因主要在于，1990年初期实行改革开放，促进了经济发展，就业增长，但20世纪90年代中后期的国有企业改革和经济转型导致了大量失业，就业人数下降，2001年之后，中国加入WTO，扩大了对外贸易，从而进一步拉动了经济增长，再加上改革开放的进一步推进，经济形式的发展带动了就业的增长。

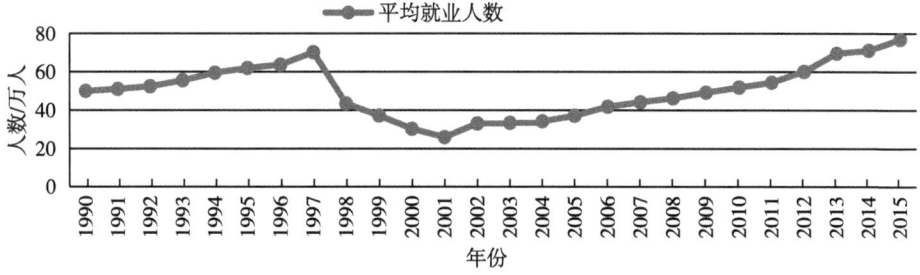

图5-8　1990—2015年总就业变化趋势

如图5-9所示，分地区来看，1990—2015年，东中西部地区城市平均就业量的变化趋势均呈现先上升后下降再上涨的趋势，但2001年后，相对于中西部地区的缓慢上升趋势，东部的平均就业量的增长趋势明显更快。与前文相同，将1990—2015年分为三个阶段：第一阶段为1990—1997年，东中西部地区城市平均就业量均呈现上升趋势，三类地区的就业量分别从1990年的60.57万人、40.28万人和46.62万人上涨到1997年的76.94万人、58.41万人和77.45万人，年均增长率分别为3.48%、5.45%和7.42%，在该阶段，西部地区的增长速度较快，中部次之，东部较慢；第二阶段为1997—2001年，东中西部地区城市平均就业量均呈现下降趋势，三类地区的就业量分别从1997年的76.94万人、58.41万人和77.45万人下降到2001年的35.95万人、19.53万人和17.93万人，年均增长率分别为-17.32%、-23.96%和-30.63%，在该阶段，西部地区的下降速度较快，中部次之，东部较慢；第三阶段为2001—2015年，东中西部地区城市平均就业量均呈现上升趋势，但东部的增长速度要远远快于中西部地区，三类地区的就业量分别上升到 2015 年的 130.67 万人、43.81 万人和 30.14 万人，年均增长率分别为-9.66%、5.94%和 3.78%，在该阶段，东部地区的增长速度较快，中部次之，西部较慢。

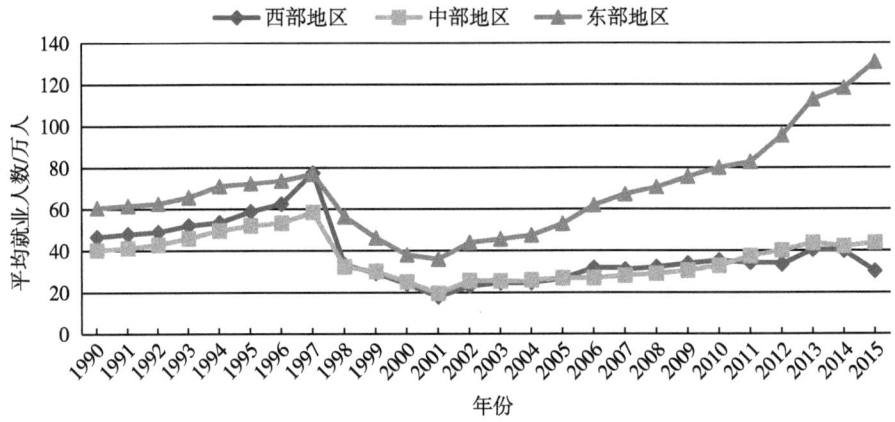

图 5-9　1990—2015 年东中西部地区城市平均就业量变化趋势

对于资源型城市和非资源型城市来看，两类城市的平均就业量的变化趋势跟总体的变化趋势一样，均呈现先上升后下降再上涨的趋势，但相对于资源型城市而言，非资源型城市的平均就业量的上涨趋势明显较快（图 5-10）。第一阶段为 1990—1997 年，非资源型城市和资源型城市的平均就业量呈现上升趋势，从 1990 年的 57.33 万人和 38.57 万人上涨到 1997 年的 82.61 万人和 49.43 万人，年均增长率分别为 5.36%和 3.06%，在该阶段，非资源型城市不仅就业规模大于资源型城市，而且就业的增长速度也快于资源型城市。第二阶段为 1997—2001 年，两类类型城市的就业量均出现下滑趋势，非资源型城市和资源型城市的就业量分别下降到 32.72 万人和 15.74 万人，年均增长率为-20.67%和-24.88%，在该阶段，非资源型城市就业规模大于资源型城市，而且就业的下滑速度慢于资源型城市。在第三阶段，即 1997—2015 年，非资源型城市和资源型城市的平均就业量呈现上升趋势，两类城市的平均就业量上涨到 106.35 万人和 32.68 万人，年均增长率为 8.79%和 5.36%，在该阶段，非资源型城市的就业规模是资源型城市就业规模的 3 倍多，增长速度和就业规模均高于后者。

第5章 中国城市的产业升级及其特征

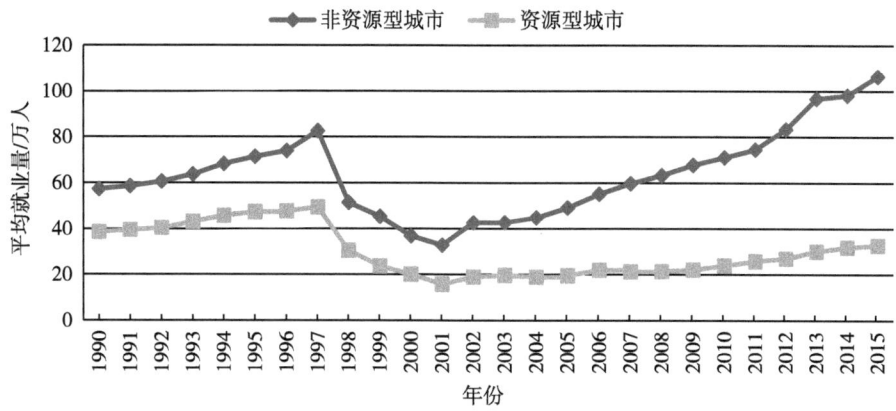

图 5-10 1990—2015 年资源型和非资源型城市平均就业量变化趋势

5.2.5 1990—2015 年分产业平均就业量变化趋势

由图 5-11 可知，1990—2015 年，三次产业中第二产业就业量占比较高，第一产业次之，第三产业最低，但随着时间的推移，第二产业和第三产业就业占比呈现波动中上升的趋势，而第一产业就业占比则越来越小。根据相关统计数据，1990 年，三次产业的就业结构为 30.15%、41.56% 和 27.81%，而到了 2000 年，三次产业结构变为 3.54%、49.56% 和 46.79%，第一产业就业占比减少了 26.61 个百分点，第二产业和第三产业就业占比分别上涨了 7.91 和 18.98%。到 2015 年，三次产业就业结构变为 1.25%、46.46% 和 52.50%，2000—2015 年，第一产业和第二产业就业占比分别下降了 2.29% 和 3.10%，第三产业就业比例上升了 5.71%。以上分析表明，

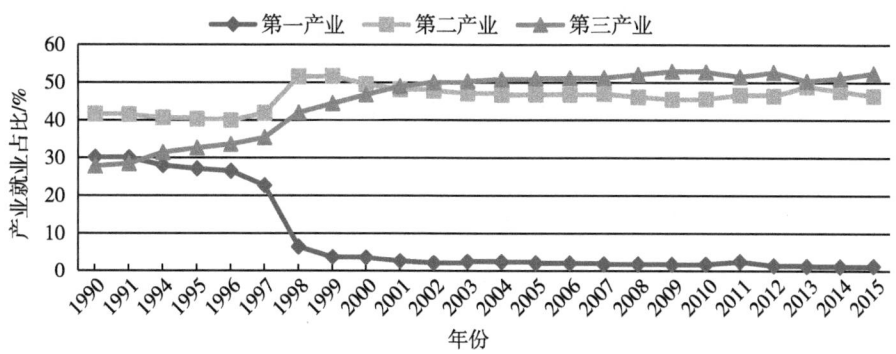

图 5-11 1990—2015 年三次产业平均就业结构变化趋势

随着城镇化和工业化进程的推进，第一产业就业量占总就业的比例逐渐下降，而第三产业者逐渐上升，农业劳动力逐渐向非农行业流动。

东中西部地区城市分产业就业结构的变化趋势为：第一产业就业比重呈下降趋势，而第二产业和第三产业就业比重呈上升趋势，不同的是，第三产业的比重提升更快，第二产业则变化不大。1990年，东部地区三次产业的就业结构为28.05%、42.66%和29.29%，到2000年，第一产业的比重则降到3.61%，下降了24.44%，第二、第三产业就业比重则分别上升到49.01%和47.23%，分别上涨了6.35%和17.94%。从2000—2015年，三次产业就业结构变化较小，到2015年，三次产业就业结构为0.70%、50.33%和49.00%，第一产业的就业比重下降了2.91%，第二产业和第三产业就业比重分别上涨了1.32%和1.77%。1990年，中部地区三次产业的就业结构为26.67%、44.60%和28.73%，到2000年，第一产业的比重降到3.86%，下降了22.81%，第二、第三产业为50.35%和45.66%，分别上涨了5.75%和16.93%。从2000—2015年，三次产业就业结构变化较小，到2015年，第一产业和第二产业的就业比重分别下降了1.89%和3.87%，第三产业就业比重上涨了6.63%，三次产业就业结构为1.97%、46.48%和52.02%。1990年，西部地区三次产业的就业结构为41.38%、33.75%和22.91%，到2000年，第一产业的比重则降到2.64%，下降了38.74%，第二、第三产业则分别上升到49.12%和48.27%，分别上涨了15.36%和25.37%。从2000—2015年，第一产业和第二产业的就业比重分别下降了1.58%和9.87%，第三产业就业比重上涨了11.55%，三次产业就业结构为1.06%、39.25%和59.82%。对比东中西部的三次产业结构，可以发现，第一产业在1990年的就业占比最高的是西部地区，东部次之，西部最低，而随着时间的推移，到2015年，第一产业的就业比重均降到了2%以下；第二产业的就业占比东部和中部占比较高，均在50%左右，西部则较低，在40%左右；第三产业的就业占比东部和中部城市从1990年的30%以下上升到2015年49%，西部地区则从20%多上涨到60%左右（表5-3）。

表5-3 1990—2015年东中西部地区城市三次产业就业结构变化趋势　　单位：%

地区	产业	1990年	2000年	2005年	2010年	2015年
东部城市	第一产业	28.05	3.61	1.39	1.00	0.70
	第二产业	42.66	49.01	48.90	48.63	50.33
	第三产业	29.29	47.23	49.72	50.47	49.00

第5章 中国城市的产业升级及其特征

（续表）

地区	产业	1990年	2000年	2005年	2010年	2015年
中部城市	第一产业	26.67	3.86	2.57	2.47	1.97
	第二产业	44.60	50.35	47.10	45.34	46.48
	第三产业	28.73	45.66	50.33	52.69	52.02
西部城市	第一产业	41.38	2.64	2.29	1.77	1.06
	第二产业	33.75	49.12	42.60	40.70	39.25
	第三产业	22.91	48.27	55.14	57.58	59.82

对于资源型城市和非资源型城市而言，其三次产业就业结构的变化跟总体的趋势一致，均是第一产业就业比重逐渐下降，第二产业占比略有上升，第三产业的就业占比上升较快。1990年，非资源型城市三次产业的就业结构为29.34%、39.72%和30.31%，到2000年，第一产业的比重则降到4.32%，下降了25.02%，第二、第三产业则分别上升到45.41%和50.16%，分别上涨了5.69%和19.85%。从2000—2015年，第一产业的就业比重下降了3.33%，第二产业和第三产业就业比重分别上涨了5.69%和19.85%，三次产业就业结构为0.99%、46.10%和53.00%。1990年，资源型城市三次产业的就业结构为31.42%、44.65%和23.93%，到2000年，第一产业的比重则降到2.27%，下降了29.15%，第二、第三产业则分别上升到56.25%和41.38%，分别上涨了11.59%和17.45%。从2000—2015年，第一产业和第二产业的就业比重分别下降了0.64%和9.25%，第三产业就业比重上涨了10.38%，三次产业就业结构为1.63%、47.00%和51.76%（表5-4）。

表5-4 1990—2015年不同类型城市三次产业就业结构变化趋势　　单位:%

类型	产业	1990年	2000年	2005年	2010年	2015年
非资源型城市	第一产业	29.34	4.32	2.06	1.64	0.99
	第二产业	39.72	45.41	44.45	44.22	46.10
	第三产业	30.31	50.16	53.50	54.37	53.00
资源型城市	第一产业	31.42	2.27	2.00	1.78	1.63
	第二产业	44.65	56.25	50.43	47.83	47.00
	第三产业	23.93	41.38	47.59	50.58	51.76

5.3 本章小结

第一，根据市场化改革阶段划分，中国的产业结构演进过程主要分为：

改革开放初期（1978—1984年）、双轨制时期（1985—1992年）、社会主义市场经济时期（1993—2001年）、改革开放加速期（2002—2012年）、全面深化改革时期（2013年—至今）。改革开放归来，产业结构的总体是从非农产业向第二产业、第三产业产业转型升级，并且第三产业对经济的贡献越来越大。

第二，从城市市辖区的三次产业结构变化趋势为：总体产值和就业呈现增长趋势，东中西部地区城市平均GDP均呈现上涨趋势，但东部地区的增长明显高于中西部地区，对于中部和西部地区的城市而言，在2013年以前，中部地区城市略微高于西部地区城市，但2012年以后，西部地区城市的平均GDP超过中部地区城市。1990—2015年，三次产业产值占比总体分布是：第二产业第一、第三产业次之、第一产业排最后，并且第一、第二产业均呈现下降趋势，第三产业则呈现上涨趋势。1990—2015年，城市平均就业量呈现先上升，后下降，最后逐渐上升的趋势；分地区来看，东中西部地区城市平均就业量的变化趋势均呈现先上升后下降再上涨的趋势，但2001年后，相对于中西部地区的缓慢上升趋势，东部的平均就业量的增长趋势明显更快。对于资源型城市和非资源型城市来说，两类城市的平均就业量的变化趋势跟总体的变化趋势一样，但相对于资源型城市而言，非资源型城市的平均就业量的上涨趋势明显较快。从就业结构来看，三次产业中第二产业就业占比较高，第一产业次之，第三产业最低，但随着时间的推移，第二产业和第三产业就业占比呈现波动中上升的趋势，而第一产业就业占比则越来越低；从东中西部地区城市来看，分产业就业结构的变化趋势为：第一产业就业比重呈下降趋势，而第二产业和第三产业就业比重呈上升趋势，不同的是，第三产业的比重提升较快，第二产业则变化不大；对于资源型城市和非资源型城市而言，其三次产业就业结构的变化跟总体的趋势一致，均是第一产业就业比重逐渐下降，第二产业占比略有上升，第三产业的就业占比上升较快。

综合本部分和第三章的分析结果，我们发现劳动力流动和地区的产业结构升级呈现明显的相关性。第三章的分析表明，劳动力流动趋势从农村和乡镇地区逐渐向城市地区集中，职业分布表明迁移劳动力的就业趋势表现为从第一产业逐渐转移到第三产业上，而产业升级中的分析表明城市产业就业结构也从第一产业（主要以农业为主）向制造业和服务业转移，迁移劳动力的就业趋势与城市整体就业趋势具有明显的趋同性。另外，第三章的分析表明，迁移就业人口比例较高的城市主要集中在东部沿海地区城市，而这些城市的产业产值均明显高于其他地方。那么,东部地区城市经济的相对发达和产业结构升级是否跟劳动力流动存在密切联系?劳动力流动是否对地区的产业升级和经济发展存在影响?如果存在影响,劳动力流动作用于产业升级的机制又是如何?而这些问题有待于进一步研究,这也是接下来的主要研究内容。

第6章 劳动力流动对城市产业结构升级的影响

城市的产业升级和经济转型与劳动力市场息息相关，而劳动力流动能够在很大程度上影响到城市劳动力市场的需求和供给，那么劳动力流动是否会对城市的产业结构升级产生作用呢？如果产生作用，其影响机制又是怎样的呢？在实证分析劳动力流动对产业结构升级的影响之前，一个避不开的问题是两者之间的内生性，即是产业结构升级导致了劳动力流动呢？还是劳动力流动影响了产业升级？两者之间可能存在互为因果的关系。本部分的目的在于探究已经进入城市劳动力市场的迁移劳动力对城市产业结构升级的影响，因此本部分利用工具变量法缓解内生性问题后，并基于前文构建的中国城市流动人口与经济社会数据库，从理论和经验分析上探讨劳动力流动对相应城市产业升级的作用及机制。

6.1 引言

据国家统计局1990年第四次人口普查统计公报显示：我国31个省份的总人口约为11.6亿人，流动人口占总人口的比例达到2.61%，文盲和半文盲（15岁及15岁以上不识字或识字很少的人）占总人口的比例高达15.88%；此时流动人口比例较低，全国平均人力资本的积累程度也比较低。1990年，东部省份的社会生产总值占全国社会生产总值的54%，东部地区占到全国流动人口的总迁入量56%[212]。2000年第五次人口普查统计公报显示，居住地与户口登记地所在的乡镇街道不一致且离开户口登记地半年以上的人口为2.6亿人，文盲率降为4.08%。2010年第六次全国人口普查数据显示东部省份占全国跨省流动人口的比例达到71.3%，而在同一年，东部省份的GDP之和占社会总GDP的57.05%。另外，《中国流动人口发展报告2016》指出：按照《国家新型城镇化规划》的进程，2020年我国仍有2亿以上的流动人口。以上数据揭示了流动人口的三个特征：第一，流动人口的人力资本显著提高；第二，流动劳动力比较集中的地区产业发展较为发达；

第三,劳动力流动将会是未来社会经济发展的常态。

在二元经济时代,中国充分利用人口的结构和数量优势,获得了劳动密集型产业的竞争优势,在全球产业分工中占据了世界制造业工厂的地位。流动人口从边际生产率较低的农业部门转向非农部门,带来了配置效率的改善,促进了中国经济持续增长[1]5。但随着中国人口年龄结构迅速老化,劳动力成本上升,"人口红利"逐渐丧失,依靠要素投入的传统经济发展模式难以为继。为了延续经济的全球竞争力和持续增长,中国经济必须进行产业结构的升级优化。

劳动力作为劳动这一重要生产要素的载体,其流动和供给的变动会直接影响到产业结构转型升级的步伐。而规模如此之大的、呈现新特征的流动劳动力无疑会改变地区的人力资本积累,从而影响城市未来的产业布局和发展方向。而中国人口与经济结构正在加快转型,从人力资本集聚效应角度探讨劳动力流动对产业升级的影响及内在作用机制具有重要的学术价值和现实意义。但是,现有文献主要关注贸易、物质资本要素投入、产业政策、需求和人力资本集聚以及创新等因素对产业升级的影响,缺乏劳动力流动对产业升级影响及作用机制的深入探讨。另外,已有研究受限于数据的可获得性,少有研究利用全国代表性城市数据来研究中宏观层次上劳动力流动对地区产业升级和结构转型的实证分析。

本部分的主要目的在于:首先,利用前面构建的中国城市流动人口和经济社会数据库,修正城市宏观统计中人口与劳动力指的相关统计指标,以便真实估计劳动力流动对城市产业升级的影响。其次,引入早期外来劳动力比例和到最近交通枢纽的铁路距离作为工具变量,解决劳动力流动和产业升级可能存在反向因果所导致的内生性问题。再次,利用1990—2015年劳动力流动数据,从长期的时间数据中探究劳动力流动对产业升级不同阶段的作用,揭示一般性的变化趋势。1990—2015年,中国人口与经济结构加快转变并进入新阶段,劳动年龄人口持续减少,人口红利逐渐消失,经济增速逐步放缓,经济发展方式加快转变,产业面临转型和升级,新型城镇化与户籍制度改革加快推进,本部分内容分析将呈现新时期以来外来劳动力对产业升级的作用机制及影响。最后,尝试利用经验数据解释劳动力流动作用于产业升级的内在机制。

6.2 理论分析框架

地区产业的升级和优化,供给方面涉及到资本、劳动力、土地和技术等要素的重新配置和优化,需求方面则涉及市场需求的升级和转移。劳动力流动对产业升级的作用机制主要体现在两个方面:一是劳动力流动反映劳动力投入要素的变化,考虑到劳动力质量差异,还能够以人力资本的形式投入生产;二是劳动力不同于其他单纯的要素投入,劳动力资源同时还是需求主体,这也决定劳动力流动还代表市场需求在时间和空间上的变化。Fujita 和 Thisse[62]121-145 从理论上论述了集聚影响经济增长的机制,其中着重分析了劳动力流动导致了人力资本和产业在空间上的重新配置,通过人力资本的创新和溢出效应以及本地市场需求效应,从而对产业发展和经济增长产生了影响。但产业升级的内涵不仅包括产业结构的优化,还反映了产业劳动生产效率的提升,因此该理论分析框架也适用于探讨劳动力流动对产业升级的作用机制。

Fujita 和 Thisse[62]121-145 建立了包含劳动力流动的三部门一般均衡模型,该模型基本理论假定条件有五个:一是一个两地区、三部门的经济(农业、工业和创新部门);二是农产品部门 T 具有规模报酬不变、完全竞争等特征,生产无差异产品,低技能劳动力(L)是该部门生产的唯一要素;三是工业部门 M 具有规模回报递增和垄断竞争特征,生产差异化工业品,生产要素为高技能(H)和低技能(L)劳动力,单个厂商需投入 1 单位 H 作为固定投入;四是创新部门 R,生产知识和技术的生产要素为高技能劳动力和低技能劳动力;五是初始时期的 A、B 地区分别有 L/2,L 不能流动,H 自由流动;区域间的差异化产品贸易存在冰山成本 γ,但区域内贸易无交易成本。在该模型中,假设典型消费者偏好符合 D-S 偏好特征[213],其效用函数为嵌套 Cobb-Douglas CES(Constant Elasticity of Substitution)函数,经过相关推导,分析以下两种情况。

6.2.1 A 地区高技能劳动力的比例 λ 不变的平衡增长路径

给定 $\lambda \in (0, 1)$,推导可得,r 地区所有工人的总收入为:

$$E_r(\lambda) = \frac{L}{2} + \lambda_r a(\lambda) [\gamma + k_r(\lambda)] \qquad (6-1)$$

其中 $E_r(\lambda)$ 表示区域 r 的收入水平,L 代表普通劳动力数量,λ_r 为区域 r

的高技能劳动力比例，γ 为折旧率，$a(\lambda)$ 为高技能劳动力的初始禀赋，$k_r(\lambda) = [\lambda_r + \eta(1-\lambda_r)]^{1/\beta}$ 代表不同区域来自创新部门的知识和创新的溢出效应。式（6-1）表明，地区生产效率不仅取决于知识技术创新和扩散的速度，还取决于本地区劳动力的集聚程度。由式（6-1）可得厂商在 A、B 两地区的相对收入为：

$$\frac{E_A(\lambda)}{E_B(\lambda)} = \frac{\frac{L}{2} + \lambda a(\lambda)[\gamma + k_A(\lambda)]}{\frac{L}{2} + (1-\lambda)a(\lambda)[\gamma + k_B(\lambda)]} \quad (6-2)$$

当 λ 分别赋值 1、1/2、0 时，(2) 式可简化为：

$$\frac{E_A(1)}{E_B(1)} = \frac{\sigma + \mu}{\sigma - \mu}; \quad \frac{E_A(1/2)}{E_B(1/2)} = 1; \quad \frac{E_A(0)}{E_B(0)} = \frac{\sigma - \mu}{\sigma + \mu} \quad (6-3)$$

其中，$\sigma \equiv 1/(1-\rho)$，ρ 代表的是差异化产品的替代弹性，μ 为工业品所占比例。根据式（6-2）和式（6-3）可知，厂商的选址取决于两地区的相对生产收益。根据以上推导结果，存在以下两种情况：第一种为完全对称的均衡状态。当 $\frac{1}{\phi} \equiv \gamma^{(\sigma-1)} \geq \frac{\sigma+\mu}{\sigma-\mu}$，即 $\phi < \frac{E_A(\lambda)}{E_B(\lambda)} < \frac{1}{\phi}$，M 部门的两地区的贸易成本大于相对纯收益时，也即厂商会在同时在 A、B 两个地区生产。第二种为完全集聚的均衡状态。当 $\frac{1}{\phi} \equiv \gamma^{(\sigma-1)} \leq \frac{\sigma+\mu}{\sigma-\mu}$，即 $\phi < \frac{E_A(\lambda)}{E_B(\lambda)}$ 或者 $\frac{E_A(\lambda)}{E_B(\lambda)} > \frac{1}{\phi}$，M 部门两地区的贸易成本小于相对收益时，厂商会选择拥有更大份额的高技能劳动力地区建厂生产，这是由更大份额的高技能劳动力所产生的本地市场效应驱动的。

劳动力流动在地区间贸易成本、相对生活成本等其他条件不变的情况下，拥有高份额的人力资本地区的本地市场效应会促使厂商在本地选址建厂，生产高附加值产品，从而促使本地产业升级，即劳动力流动会通过本地市场效应促使产业升级。

6.2.2 允许劳动力流动的平衡增长路径

对于任何选定的 λ，$V_r(0;\lambda)$ 代表 r 地区高技能劳动力的终生效用，$v_r(0;\lambda)$ 代表 r 地区高技能劳动力在 t 时刻的瞬时效用，则 A 和 B 地区的效用之差为：

$$\Delta v(0;\lambda) = V_A(0;\lambda) - V_B(0;\lambda) = \int_0^\infty e^{-\gamma t}\ln\left[\frac{v_A(0;\lambda)}{v_B(0;\lambda)}\right]dt \equiv \frac{1}{\gamma}\ln\Phi(\lambda)$$
(6-4)

由推理可得，高技能工人的瞬时效应为：$v_r(t;\lambda) = a(\lambda)[\gamma + k_r(\lambda)]P_r^{-\mu}$，其中 P_r 为地区 r 的价格指数，则

$$\frac{v_A(t;\lambda)}{v_B(t;\lambda)} = \frac{\gamma + k_A(\lambda)}{\gamma + k_B(\lambda)}\left(\frac{P_A}{P_B}\right)^{-\mu} = \Phi(\lambda) \quad (6\text{-}5)$$

当 $\lambda = 1/2$，时，即 $\Phi(\lambda) = 1$ 时，$\Delta v(0;\lambda) = 0$；当 $\lambda \lessgtr 1/2$，即 $\Phi(\lambda) \lessgtr 1$ 时，$\Delta v(0;\lambda) \lessgtr 0$。该式表明，劳动力的效用在人力资本集聚的地区较高，因此高技能劳动力份额较多的地区会更加有吸引力。当 $\gamma^{(\sigma-1)} \geq \frac{\sigma+\mu}{\sigma-\mu}$，集聚发生在整个创新部门和拥有市场份额比较大的现代生产部门，$\gamma^{(\sigma-1)} < \frac{\sigma+\mu}{\sigma-\mu}$，集聚发生在整个创新部门以及 A 和 B 地区的现代生产部门。该式表明：两种情况下，不管专利来源哪个地区，创新部门都会转移到高技能劳动力集中的地区。当创新部门的产品可以自由流动会导致劳动力尤其是高技能劳动力在地理空间上形成集聚，地区产业受益于人力资本集聚的溢出效应和创新的外部性，提高产业的微观生产效率，表明劳动力流动会通过改变地区的人力资本积累程度从而推动产业升级。

6.3 模型设定与描述性统计

6.3.1 计量模型设计框架与指标选择

在检验劳动力流动是否通过本地市场效应和人力资本积累效应两种机制作用于产业结构升级前，我们先观察劳动力流动对产业结构升级的直接作用，具体设定如下基准计量回归模型：

$$Y_{i,t} = \beta_0 + \beta_1 mr_{i,t} + \beta_2 X_{i,t} + \delta_{i,t} \quad (6\text{-}6)$$

其中，Y 代表产业升级，i 代表地区，t 代表时间。$mr_{i,t}$ 代表城市劳动力市场中迁移劳动力比例，为本部分的核心解释变量，定义为外来劳动力占本市劳动力总量的比重。$\delta_{i,t}$ 为方程的残差项。为了减少遗漏变量偏差，$X_{i,t}$ 为代

表城市经济的控制变量。

产业升级意味着不同产业生产效率的提升,其内涵不仅包括三次产业中第二、第三产业在国民经济中所占比重的增加,还包涵各产业内部劳动力生产率的提升以及产业资源配置效率的提升。因此,为了全面反映产业升级的内涵,本部分采用三个维度的系列指标来衡量产业升级:第一维度指的是产业之间的结构转变,包括非农经济产值占总经济产值的比重、第二产业和第三产业产值的占比以及产业结构升级系数,其中,产业结构升级系数 $R = \sum_{i=1}^{3} i * q_i$,$q_i$ 为 i 产业的在经济中的产值占比[214];第二维度系列指标反映的是产业内部的劳动生产效率提升,指标选取了第二产业、第三产业的劳均生产率和新兴高技术产业比重,其中,高新技术产业比重使用金融业、商业服务业、信息与计算机行业、科学研究行业高附加值产业在第三产业的就业人员占比来近似代表产业结构从低附加值产业向高附加值产业的转型升级;第三维度衡量的是产业的资源配置效率,利用第二产业和第三产业的产值比例和各自产业就业人员比例的比重来代表产业中资源的配置效率,即产业和就业的匹配度。如果资源的流动和配置是充分有效率的,该值将接近1。

6.3.2 数据来源和统计性描述

本部分数据来源于前文自行构建的中国城市流动人口和社会经济数据库,具体说明见导论第三部分。本研究采用地级城市"市辖区"口径。外来劳动力定义为在本市居住或工作半年以上,且户籍不在本市的劳动力。本研究核心解释变量"移民比例"定义为外来就业劳动力占本市总就业劳动力的比重。人口与劳动力数据来源于1990—2015年历次全国人口普查和1%人口抽样调查微观数据,城市层面的宏观经济指标等数据来源于相关年份《中国城市统计年鉴》。本研究基于该数据库从城市层面上分析外来劳动力流动对城市产业升级的影响及作用机制。

表6-1为相关变量的描述性统计。根据表6-1发现,2000—2015年,城市劳动力市场上的迁移劳动力比例先上升后下降,2000年和2005年的迁移比例为27%~28%,2010年上升到39.5%,2015年下降到21%左右①。数据表明外来劳动力已经成为城市劳动市场的重要组成部分。2000—2015年,

---

① 受限于数据可获得性,2015年的迁移比例是利用迁移人口占总人口的比例来近似代替迁移人口占总就业人口的比例,可能因为统计口径的差异导致数据在统计上的下降。

三个维度的产业升级指标呈现不同的变化趋势。从第一维度来看，2000—2015 年，非农产业产值比例变化区间为 92%~94%，呈现先下降后上升的趋势；第二产业产值占比为 48%~52%，呈现波动中下降的趋势；第三产业产值比例在 42%~46% 区间变化，呈现波动中上升的趋势；产业结构升级系数从 2000 年的 2.36 上涨到 2015 年的 2.38。第一维度的产业升级指标变化表明，2000—2015 年，产业结构逐渐从农业部门向非农部门转化，产业结构向第三产业转移，尽管非农部门中以制造业为主的第二产业比第三产业占据优势，但两者的比例在 2015 年接近 1:1，这表明国内产业一直处于升级和优化中。从第二维度来看，第二产业和第三产业的劳均生产率均处于上升的趋势，在 2010 年之前，第三产业的劳均生产率均低于第二产业，但到 2015 年，第三产业的劳均生产率超过了第二产业（市辖区范围）；2000—2015 年，高技术产业升级系数也在上升，表明第三产业内部的产业升级从低产值行业向高技术行业转型。从第三维度来看，第二产业和第三产业的匹配度均偏离了 1，其中，第二产业匹配度均大于 1，第三产业匹配度从大于 1 降到小于 1，尽管两者偏离的幅度不是很大，但是这表明了两个行业的资源配置效率均偏离了最优路径，当前的产业升级路径还有待优化。

表 6-1 变量的统计性描述

变量	变量名	变量含义	2000 年均值	2005 年均值	2010 年均值	2015 年均值
迁移	mr	迁移比例（%）	0.272 (0.132)	0.287 (0.137)	0.395 (0.166)	0.213 (0.160)
第一维度产业升级	non_ari	非农产业产值占比（%）	0.938 (0.068)	0.920 (0.079)	0.937 (0.066)	0.938 (0.053)
	industry2	第二产业产值占比（%）	0.516 (0.118)	0.504 (0.124)	0.521 (0.114)	0.479 (0.102)
	industry3	第三产业产值占比（%）	0.423 (0.103)	0.416 (0.103)	0.416 (0.107)	0.459 (0.103)
	R	产业升级结构系数	2.361 (0.130)	2.335 (0.136)	2.354 (0.137)	2.397 (0.128)
第二维度产业升级	pergdp2	第二产业劳均生产率	1.753 (1.633)	2.761 (2.580)	5.919 (4.557)	7.865 (5.077)
	pergdp3	第三产业劳均生产率	1.673 (1.354)	2.391 (2.450)	4.674 (4.537)	8.411 (9.858)
	upgrade	高技术产业升级系数	—	0.180 (0.053)	0.207 (0.059)	0.217 (0.063)

(续表)

变量	变量名	变量含义	2000年均值	2005年均值	2010年均值	2015年均值
第三维度产业升级	match_2	第二产业匹配度	1.009 (0.286)	1.070 (0.286)	1.198 (0.398)	1.069 (0.359)
	match_3	第三产业匹配度	1.017 (0.288)	0.885 (0.282)	0.839 (0.253)	0.978 (0.349)
人口密度	pd	ln（人均密度）	6.948 (0.839)	6.708 (0.867)	6.605 (0.901)	6.540 (0.811)
人口自然增长率	pg	当年人口自然增长（‰）	7.053 (5.281)	4.893 (2.971)	5.469 (6.724)	7.105 (6.661)
对外开放度	fdi	ln（实际利用外资）	10.102 (2.066)	10.412 (1.997)	11.022 (1.905)	11.28 (1.934)
投资规模	invest	ln（固定资产投资）	12.795 (1.043)	13.793 (1.114)	14.860 (1.031)	15.551 (0.999)
市场规模	market	ln（社会商品零售总额）	13.404 (1.392)	13.520 (1.112)	14.314 (1.139)	15.015 (1.0751)
劳动年龄	age	平均劳动年龄（年）	34.786 (1.545)	35.936 (1.581)	35.759 (2.459)	37.742 (2.877)
本地劳动年龄	loc_age	本地居民劳动年龄（年）	35.924 (1.117)	36.869 (1.247)	38.250 (2.702)	39.456 (3.065)
迁移劳动年龄	mig_age	迁移人口劳动年龄（年）	32.481 (2.001)	34.289 (2.288)	32.227 (2.569)	32.363 (3.948)
人力资本	edu	平均受教育年限（年）	10.244 (0.611)	10.868 (0.816)	9.697 (0.644)	9.764 (0.844)
本地人力资本	loc_edu	本地人口受教育年限（年）	10.377 (0.743)	11.043 (0.890)	9.436 (0.774)	9.532 (0.794)
迁移人力资本	mig_edu	迁移人口受教育年限（年）	10.105 (0.736)	10.539 (0.955)	10.214 (0.669)	10.789 (1.299)
观测值	N	—	169	239	261	234

注：括号中为标准差。

为了对比迁移人口和本地人口的特征差异，表6-1还展示了外来人口和本地人口的平均年龄和人力资本水平，其主要特征跟第四章的分析一致，在此不再赘述。值得注意的是，2005年之后，城市的总体平均受教育水平呈现下降趋势，主要是因为2010年和2015年的使用的是"市辖区+所辖镇"的统计口径，因此，表现为受教育水平显著下降。

6.4 劳动力流动对产业结构升级的影响分析

迁移劳动力是城市劳动力市场的重要组成部分,并积极参与城市经济活动,外来劳动力与本地劳动力相比,其年龄结构更加年轻、人力资本相当甚至水平更高。那么,迁移劳动力会对城市产业升级产生何种影响呢?

6.4.1 工具变量的有效性检验

根据上述理论分析,劳动力流动通过本地市场效应和改变本地人力资本影响产业升级,产业的进一步优化和转移反过来也会对劳动力流动产生影响。肖智等[153]研究表明劳动力流动和第三产业存在内生性,因此,本研究面临劳动力流动和产业升级互为因果所导致的内生性问题。如果采用最小二乘回归法,其估计结果存在内生性偏误。跟第四章处理内生性的方法一致,本部分继续采用工具变量法来解决该问题,本部分选取的工具变量一类是城市前一期[①]外来人口的迁移就业比例,它与城市本期劳动力流动的比例相关,但是与本期的产业结构和经济发展的关联性较弱;另一类是城市到最近交通枢纽的铁路距离,它影响了城市劳动力的流动决策,但与城市的劳动力需求不相关,因为距离是外生变量,其衡量是城市到交通枢纽的交通距离,而铁路距离的长短能够影响劳动力的流动,但因为铁路距离在一定时期内是外生给定的,跟本期产业结构变化的相关性不大。因此,这两个工具变量原则上均满足外生性假设。其中,交通枢纽城市包括北京、上海、天津、成都和西安。本部分选取的两类工具变量分别为前定变量(前期外来劳动力占总就业人口的比例)和距离变量(城市到最近交通枢纽的铁路距离),能够较好地满足有效工具变量的两个条件。

表6-2为方程第一阶段回归的结果,可以发现,第一阶段回归中,滞后一期的移民比例的回归系数为0.531,通过了1%的显著性水平检验,表明滞后一期的移民比例确实跟本期的劳动力流动高度相关;而铁路距离的系数为-0.011,通过了1%的显著性水平检验,表明目标城市距离中心城市越远,城市中移民比例会降低,城市到最近交通枢纽的铁路距离对劳动力流动产生了显著负面影响。以上结果表明,两个工具变量满足了相关性的要求。并且模型的拟合优度为0.663,F值为144.43,大于10,表明工具变量是有

---

① 根据已有数据,2000年的前一期为1990年,滞后10年,其余年份均滞后5年。

效的,不存在"弱工具变量"的问题。

表 6-2 工具变量法第一阶段回归结果

变量	变量含义	系数	T检验值
L_mr	滞后一期的迁移比例/%	0.531***	20.231
distance	最近铁路距离	-0.011***	-0.847
pd	人口密度	-0.020***	-4.542
pg	人口自然增长率	0.0004	0.422
fdi	对外开放度	0.012***	4.581
market	市场规模	0.050***	9.819
invest	投资规模	-0.025***	-4.187
edu	人力资本	0.013***	3.164
age	平均年龄	-0.009***	-5.372
t	时间趋势变量	-0.038***	-6.573
region2	中部地区	-0.032***	-3.161
region3	东部地区	-0.019**	-1.859
cons	常数项	0.198***	2.521
N	样本量	882	
Adj. R^2	调整的拟合优度	0.663	
F	F统计值	144.43	

注:*、**、*** 分别表示10%、5%和1%的显著性水平。

6.4.2 实证回归结果

本部分采用了三个维度的系列指标体系来衡量产业升级这一被解释变量,以期能够从不同层面全面反映出产业升级的丰富内涵,全面观察劳动力流动对不同层次产业升级的影响。以下的回归结果包括利用最小二乘法得到的基准模型估计结果和采用工具变量的两阶段最小二乘法估计结果。由于存在内生性问题,使用基准回归得到的结果是有偏的,本部分将着重分析使用工具变量后的回归结果,并与OLS基础回归的结果进行对比分析。

(1) 第一维度的产业升级:产业结构转变

由表 6-3 可知,从总体上来看,劳动力流动对第一维度的产业升级指标存在显著的正向影响。对比模型(1)和模型(5)可知,OLS 和 2SLS 回归的系数分别为 0.088 和 0.141，两者均通过了 1% 的显著性水平检验，表明劳动力流动对非农产业的发展存在积极的影响。其中，OLS 回归结果明显低估了迁移的作用。由模型（2）和模型（6）可知，劳动力流动的作用系数分别为 -0.111 和 0.011，OLS 的回归系数为负向显著的，而采用工具变量后，系数为正，但并不显著，表明迁移比例的提高并没有对第二产业产值比例产生显著的负面影响。由模型（3）和模型（7）可知，劳动力流动的回归系数分别为 0.199 和 0.131，OLS 回归结果明显高估了劳动力流动的作用，但两者均通过了 1% 的显著性水平检验，这意味着迁移比例的提高会导致第三产业产值占比的提高，这与郭文杰和李泽红[152]51的研究结论一致，即劳动力流动促进了服务业的发展。以上的回归结果表明，迁移就业比例的提高会促进产业结构向非农产业转移，并且在非农产业中，劳动力流动对第三产业的提升作用比第二产业更加显著。根据模型（8），从产业结构升级系数的回归结果来看，迁移的影响也是正向显著的，其回归系数大小为 0.272，这意味着迁移比例的提高会促进产业结构从第一产业向二三产业的攀升。总而言之，从产业升级的第一维度来看，劳动力流动的影响总体是积极正面的，迁移就业比例的提高促进了产业升级的步伐。

表 6-3 劳动力流动对产业结构转变的影响

	OLS 回归结果				2SLS 回归结果			
	(1) non_ari	(2) industry2	(3) industry3	(4) R	(5) non_ari	(6) industry2	(7) industry3	(8) R
mr	0.088 ***	-0.111 ***	0.199 ***	0.287 ***	0.141 ***	0.011	0.131 ***	0.272 ***
	(5.410)	(-3.771)	(7.668)	(9.026)	(5.890)	(0.216)	(2.978)	(5.308)
pd	0.035 ***	0.027 ***	0.008	0.043 ***	0.030 ***	0.025 ***	0.005	0.035 ***
	(12.125)	(5.148)	(1.613)	(7.253)	(9.912)	(4.059)	(1.013)	(5.749)
pg	-0.000	-0.001 **	0.001	0.000	-0.000	-0.001	0.001	0.001
	(-1.143)	(-2.101)	(1.490)	(0.427)	(-0.323)	(-1.517)	(1.451)	(1.067)
fdi	-0.005 **	-0.009 ***	0.003	-0.002	-0.003	-0.003	0.000	-0.003
	(-2.448)	(-2.729)	(1.377)	(-0.557)	(-1.557)	(-0.970)	(0.131)	(-0.728)
market	0.001	-0.033 ***	0.034 ***	0.035 ***	-0.001	-0.047 ***	0.046 ***	0.045 ***
	(0.220)	(-4.895)	(5.440)	(4.776)	(-0.384)	(-7.014)	(7.688)	(6.412)
invest	0.022 ***	0.061 ***	-0.040 ***	-0.018 **	0.014 ***	0.060 ***	-0.046 ***	-0.033 ***
	(4.574)	(7.590)	(-5.890)	(-2.113)	(2.777)	(6.608)	(-6.058)	(-3.535)
edu	0.009 ***	-0.012 **	0.021 ***	0.029 ***	0.005 *	-0.015 ***	0.021 ***	0.026 ***
	(2.677)	(-2.440)	(5.259)	(5.550)	(1.817)	(-2.804)	(4.487)	(4.887)

(续表)

	OLS 回归结果				2SLS 回归结果			
	(1) non_ari	(2) industry2	(3) industry3	(4) R	(5) non_ari	(6) industry2	(7) industry3	(8) R
age	0.000	-0.002	0.003*	0.003	0.002**	0.001	0.001	0.003
	(0.165)	(-1.309)	(1.650)	(1.406)	(2.173)	(0.657)	(0.495)	(1.512)
t	-0.007*	-0.046***	0.039***	0.032***	-0.002	-0.039***	0.037***	0.034***
	(-1.935)	(-6.889)	(7.083)	(4.882)	(-0.660)	(-5.147)	(5.683)	(4.811)
region2	0.021***	0.010	0.011	0.032**	0.019**	-0.001	0.019*	0.038***
	(2.818)	(0.854)	(1.111)	(2.531)	(2.565)	(-0.060)	(1.745)	(2.818)
region3	0.008	0.009	-0.001	0.007	0.008	-0.000	0.008	0.016
	(1.116)	(0.806)	(-0.138)	(0.551)	(1.209)	(-0.004)	(0.751)	(1.272)
cons	0.331***	0.403***	-0.072	1.259***	0.412***	0.429***	-0.017	1.395***
	(6.059)	(4.656)	(-0.999)	(13.312)	(8.432)	(4.515)	(-0.214)	(14.987)
N	1 109	1 109	1 109	1 109	895	895	895	895
R^2	0.342	0.155	0.280	0.398	0.324	0.115	0.209	0.340
chi2	—	—	—	—	318.557	105.762	191.716	420.854
F	32.800	14.612	32.291	50.840	—	—	—	—

注：括号中为 t 值，*、**、*** 分别为 10%、5% 和 1% 的显著性水平，"—"表示缺失值，下同。

(2) 第二维度的产业升级：生产率提升

第二维度的产业升级指标衡量的是产业内部的生产效率的提升。表 6-4 是劳动力流动对第二维度产业升级的回归结果。由表 6-4 可知，OLS 回归的结果低估了迁移对第二维度产业升级系列指标的影响程度。由模型（12）和模型（13）可知，迁移在 1% 的水平上显著，系数分别为 16.913 和 34.203，表明劳动力流动对产业升级的影响是积极的，劳动力流动促进了第二产业和第三产业劳均生产率的提高，并且其对第三产业的影响要明显大于第二产业。由模型（14）回归结果可以发现，迁移通过了 1% 的显著性水平检验，系数约为 0.176，即劳动力流动对第三产业高附加值产业的就业存在正向的拉升作用，也意味着劳动力流动促进了产业就业人员结构向高附加值的流动。这一变化表明，劳动力流动对产业升级的作用不仅体现在促进了产业升级中产业结构从第一产业向第二产业和第三产业结构的偏移，还表现在劳动力流动促进了产业升级质量的提升。这一发现背后的含义可能体现了中国迁移人口就业结构的一个重要转变，即迁移人口在城市劳动力市场的就业不在仅仅是集中在低端制造业和低端服务业的传统低质量就业，而是逐渐向高附加值行业转变的高质量就业，并且对经济中高附加值行业的拉升作用高于低附加值产业，这对经济结构转型具有重要的实践意义。

表 6-4 劳动力流动对生产率提升的影响

	OLS 回归结果			2SLS 回归结果		
	（9）pergdp2	（10）pergdp3	（11）upgrade2	（12）pergdp2	（13）pergdp3	（14）upgrade2
mr	8.180***	16.177***	0.107***	16.913***	34.203***	0.176***
	(5.903)	(5.453)	(6.025)	(6.455)	(5.277)	(5.943)
pd	-0.364***	0.275**	0.008***	-0.320*	0.626***	0.011***
	(-2.647)	(2.007)	(2.611)	(-1.737)	(2.719)	(3.392)
pg	0.044**	0.060**	-0.001***	0.034	0.055	-0.001***
	(2.130)	(2.049)	(-3.108)	(1.467)	(1.563)	(-2.859)
fdi	-0.028	0.087	-0.002	-0.096	-0.059	-0.004*
	(-0.374)	(1.102)	(-1.135)	(-0.931)	(-0.502)	(-1.829)
market	0.105	0.599***	-0.002	-0.450***	-0.242	-0.008*
	(1.021)	(3.237)	(-0.386)	(-2.644)	(-1.089)	(-1.755)
invest	0.825***	-0.047	0.006	1.169***	0.119	0.008
	(4.522)	(-0.158)	(1.170)	(4.839)	(0.337)	(1.547)
edu	-0.158	-0.279*	0.006*	-0.138	-0.368	0.002
	(-1.441)	(-1.813)	(1.806)	(-0.926)	(-1.481)	(0.591)
age	0.006	0.069	0.002	0.179***	0.445***	0.003**
	(0.103)	(1.002)	(1.468)	(2.719)	(4.331)	(2.305)
t	0.886***	1.314***	0.021***	1.480***	2.595***	0.024***
	(5.098)	(4.384)	(4.165)	(6.343)	(5.233)	(4.630)
region2	0.874***	1.405***	0.002	1.198***	2.117***	0.008
	(2.833)	(5.565)	(0.241)	(3.045)	(4.678)	(1.148)
region3	1.019***	1.585***	0.009	0.875**	1.456***	0.012
	(3.510)	(6.084)	(1.322)	(2.405)	(3.531)	(1.621)
cons	-10.320***	-15.449***	-0.108**	-17.796***	-28.683***	-0.088*
	(-4.330)	(-4.518)	(-2.090)	(-6.389)	(-6.726)	(-1.685)
N	1 106	1 106	719	892	892	704
R^2	0.531	0.460	0.198	0.503	0.442	0.169
chi2	—	—	—	760.830	399.729	171.443
F	88.975	47.720	16.291	—	—	—

第6章 劳动力流动对城市产业结构升级的影响

（3）第三维度的产业升级：资源配置效率改进

第三维度的产业升级指标衡量的是第二产业和第三产业资源配置的效率，本部分采用的指标是产业匹配度。根据理论分析，如果经济体处于完全自由市场，资源的流动和配置是充分有效率的，那么三次产业的产业匹配度都将相等并且等于1。由表6-5可知，劳动力流动对第三维度的产业升级指标存在显著的影响，但作用方向不一致。对于第二产业来说，迁移的回归系数为-0.323，并且通过了5%显著性水平检验，劳动力流动对第二产业的产业匹配度产生了显著的负面影响。对此可能的解释为：由前文的统计性描述可知，2000—2015年，第二产业的产业匹配度均大于1，这意味着第二产业的资源配置效率偏离了最优路径，迁移比例的提高会促使第二产业的产业匹配度下降，使其接近1，从而提高第二产业的资源配置效率。同理，对于第三产业来说，迁移的回归系数为0.842，通过了1%显著性水平检验，劳动力流动对第三产业的产业匹配度产生了显著的积极影响。2000—2015年，第三产业的产业匹配度从大于1下降到小于1，这意味着第三产业的资源配置效率也偏离了最优路径，迁移比例的提高会促使第二产业的产业匹配度上升，使其接近1，提高第三产业的资源配置效率。以上的研究结论表明，无论是第二产业还是第三产业，劳动力流动会调节现有的要素配置状态，从而提高产业的资源配置效率，使其接近最优的资源配置路径。

表6-5 劳动力流动对资源配置效率改进的影响

	OLS 回归结果		2SLS 回归结果	
	（15）match_2	（16）match_3	（17）match_2	（18）match_3
mr	-0.490***	0.553***	-0.323**	0.842***
	(-6.196)	(5.857)	(-2.068)	(4.255)
pd	-0.085***	0.041***	-0.082***	0.045**
	(-5.690)	(2.609)	(-4.570)	(2.400)
pg	0.000	0.003**	-0.000	0.001
	(0.181)	(1.974)	(-0.124)	(0.780)
fdi	0.007	0.010	0.006	-0.001
	(0.823)	(1.234)	(0.567)	(-0.129)
market	-0.038***	0.056***	-0.061***	0.037**
	(-2.596)	(3.956)	(-2.708)	(2.095)
invest	0.013	-0.067***	0.029	-0.052***
	(0.703)	(-3.829)	(1.137)	(-2.615)

(续表)

	OLS 回归结果		2SLS 回归结果	
	(15) match_2	(16) match_3	(17) match_2	(18) match_3
edu	−0.001	−0.032**	−0.006	−0.025*
	(−0.126)	(−2.364)	(−0.399)	(−1.878)
age	−0.018***	0.014***	−0.016**	0.021***
	(−3.027)	(2.840)	(−2.143)	(3.556)
t	0.020	−0.012	0.031	0.012
	(1.140)	(−0.772)	(1.403)	(0.608)
region2	−0.055	0.095***	−0.031	0.148***
	(−1.632)	(3.397)	(−0.755)	(4.418)
region3	−0.011	0.052*	0.005	0.082***
	(−0.342)	(1.856)	(0.138)	(2.770)
cons	2.677***	0.366	2.626***	0.031
	(10.187)	(1.463)	(8.301)	(0.127)
N	1 106	1 106	892	892
R^2	0.126	0.128	0.118	0.166
chi2			91.564	143.633
F	13.756	14.937		

6.5 作用机制讨论

以上分析表明劳动力流动对不同维度的产业升级存在显著的积极影响，有必要讨论劳动力流动作用于产业升级的内在机制。根据前文的理论推导，本部分提出了两个假说：假说1为劳动力流动通过本地市场效应促进产业升级；假说2为劳动力流动会通过改变地区的人力资本积累程度从而导致产业升级。对于一个城市来说，在地区间贸易相对成本不变的条件下，人力资本积累相对较高的地区吸引了劳动力的进入，从而扩大城市消费市场，通过本地市场效应，能够吸引生产高附加值产品的厂商进入，同时会对低附加值产业产生挤出效应，导致产业升级；同时，劳动力流动还改变了地区的人力资本配置，高技能劳动力形成集聚，一方面形成了竞争性的劳动力市场，在很大程度上保证了劳动力市场的活力和效率，另一方面地方产业受益于资本技术溢出效应，从而提高了劳动生产率，促使产业升级[62]121,[215]。

第6章 劳动力流动对城市产业结构升级的影响

为了检验劳动力流动作用于产业升级的机制，本部分将构建计量模型进一步研究劳动力流动对城市人力资本水平和城市市场需求的影响，设定如下回归模型：

$$N_{i,t} = \gamma_0 + \gamma_1 mr_{i,t} + \gamma_2 K_{i,t} + \varepsilon_{i,t} \tag{6-7}$$

其中，$N_{i,t}$ 代表被解释变量，i 代表地区，t 代表时间。$mr_{i,t}$ 代表外来劳动力迁移比例，其含义与前文相同，$\varepsilon_{i,t}$ 为方程的残差项。为了减少遗漏变量偏差，$K_{i,t}$ 为代表城市经济的控制变量。其中，被解释变量的选取分为两个部分：一是本地市场效应的代理变量，本部分采用社会商品零售总额这一指标来代表本地市场效应；二是人力资本积累程度的代理变量，不同学者对于人力资本积累程度的衡量方法差异较大，本部分采取常用的城市平均受教育程度来和城市本地人口的平均受教育程度来衡量城市的人力资本水平，同时，利用城市财政中每年对教育和科研投入经费的比例来衡量城市科研创新的投入强度。

由表 6-6 可知，迁移总体上是正向显著的。对本地市场效应来说，迁移的回归系数为 1.166，通过了 1% 显著性水平检验，即迁移比例的提高有利于扩大本地市场需求规模，表明劳动力流动作用于产业升级的本地市场效应是存在的，假说 1 成立。Ortega 和 Peri[131]26 的研究表明，迁移劳动力进入城市后，长期能够引致企业扩大投资规模，拉动投资需求，经济增长成果在更大范围内分配后刺激需求，扩大本地市场需求。迁移对城市总体平均受教育水平和本地人口平均受教育水平的回归系数分别为 2.434 和 4.106，均通过了 1% 显著性水平检验，这表明迁移人口比例的提高不仅提升了城市总体人力资本水平，而且对城市本地人口的人力资本水平也有促进作用，并且后者的作用明显高于前者，该结果意味着劳动力流动通过人力资本水平促进城市产业升级这一作用机制也是存在的，假说 2 得到了验证。另外，迁移就业比例对科研教育投入强度有积极影响，迁移的回归系数为 0.029，也即迁移比例每提高 1%，城市财政对科研和教育的投入提高 2.9%。而一个城市财政对科研和教育的投入不仅反映了对人力资本水平和创新的投入，同时也反映了该城市的教育和科研创新的水平。城市的科研和创新是产业发展和升级优化的重要动力，以上的结果意味着城市迁移劳动人口比例的增加会对城市的人力资本积累以及科研和创新施加正面的影响，从而促进城市产业向高技术和高附加值产业的攀升。

表6-6 劳动力流动影响产业升级的内在机制

	本地市场规模①	人力资本积累		科研教育投入
	(19) market_OLS	(20) edu_2SLS	(21) eduloc_2SLS	(22) RD_2SLS
mr	1.166***	2.434***	4.106***	0.029***
	(7.852)	(6.562)	(8.635)	(4.053)
pd	0.162***	0.072**	0.032	0.000
	(5.871)	(2.023)	(0.818)	(0.924)
pg	-0.002	0.001	0.006	0.000
	(-0.543)	(0.203)	(1.198)	(0.898)
fdi	0.056***	-0.044*	-0.056**	0.000
	(3.282)	(-1.948)	(-2.234)	(0.831)
invest	0.697***	0.215***	0.189***	0.002***
	(22.011)	(4.740)	(3.691)	(2.577)
edu	0.007			-0.003***
	(0.265)			(-3.596)
age	0.029***	0.114***	0.150***	0.001**
	(2.855)	(7.379)	(8.862)	(2.214)
t	-0.096***	-0.486***	-0.606***	0.002
	(-2.737)	(-11.387)	(-12.022)	(1.433)
region2	-0.064	0.423***	0.463***	0.004***
	(-1.220)	(5.181)	(5.041)	(4.712)
region3	0.094*	-0.080	-0.091	0.004***
	(1.780)	(-0.979)	(-1.006)	(4.192)
market		-0.076	-0.105**	0.001
		(-1.642)	(-2.094)	(1.080)
cons	1.370***	5.031***	4.868***	-0.043***
	(2.969)	(7.859)	(6.849)	(-4.674)
N	1 112	898	898	897
R^2	0.826	0.296	0.381	0.316
chi2		465.254	697.354	406.575
F	702.968			

① 鉴于迁移人口需求扩张导致的本地市场效应是在迁移后才发生的,因此该回归中迁移人口和本地市场效应的内生性问题可以忽略不计,因此采用OLS回归是比较合适的。

第6章 劳动力流动对城市产业结构升级的影响

6.6　本章小结

本部分利用城市流动人口与经济社会数据库，结合理论分析考察新时期以来劳动力流动对城市产业升级的真实影响，并讨论了劳动力流动作用于产业升级的内在机制。

首先，本部分从产值结构、分产业的劳均生产率和第二、第三产业的资源配置效率三个维度分析了2000—2015年中国城市市辖区的产业升级现状。研究发现：第一维度的产业升级指标变化表明，2000—2015年产业结构逐渐从农业部门向非农部门转化，产业结构向第三产业转移，非农部门中以制造业为主的第二产业比第三产业占据优势，国内产业一直处于升级和优化中。第二产业和第三产业的劳均生产率均处于上升的趋势；第三产业内部的产业升级从低产值行业向高技术行业转型。从第三维度来看，第二产业和第三产业的资源配置效率均偏离了最优路径，当前的产业升级路径还有待优化。

其次，本部分验证了劳动力流动对产业升级的作用机制。研究表明：劳动力流动通过本地市场效应和改变地区的人力资本积累程度促进产业升级。对于一个城市来说，在地区间贸易相对成本不变的条件下，人力资本积累相对较高吸引了劳动力的进入，从而扩大城市消费市场，通过本地市场效应，能够吸引生产高附加值产品的厂商进入，同时会对低附加值产业产生挤出效应，导致产业升级；同时，劳动力流动还改变了地区的人力资本配置，高技能劳动力形成集聚，地方产业受益于资本技术溢出效应，从而提高了生产率，促使产业升级。

最后，本部分利用工具变量法分析了劳动力流动对产业升级的作用。研究表明：劳动力流动对产业升级存在显著的积极影响，迁移劳动力能够促进产业升级，主要体现在以下几个方面：第一，迁移劳动力对产业结构的转变有显著的正面影响，迁移劳动力比例的提高促使经济生产从第一产业向第二产业和第三产业的转移，表明迁移促进了产业结构间的升级。第二，迁移劳动力对产业的生产效率有积极影响。劳动力流动不仅对第二产业和第三产业的劳均生产率有显著的提升作用，并且该作用对第三产业的影响要远远大于第二产业；迁移就业占比的提高，能够显著提高第三产业内部该技术高技术行业的占比，这意味着劳动力流动对产业升级的作用不仅体现在促进了产业升级中产业结构从第一产业向第二产业和第三产业结构的偏移，还表现在劳动力流动促进了产业升级质量的提升。第三，劳动力流动能够提高第二、第三产业的经济配置效率，使其接近最优的资源配置路径。这一发现背后的含义可能体现了中国迁移人口就业结构的一个重要转变，即迁移人口在城市劳动力市场的就业不再仅仅是集中在低端制造业和低端服务业的传统低质量就业，而是逐渐向高附加值行业转变的高质量就业，对经济中高附加值行业的拉升作用高于低附加值产业，并且能够提升产业的生产效率和资源的配置效率，这对经济结构转型具有重要的实践意义。

第7章 劳动力流动对城市全要素生产率的影响

随着中国人口与经济结构发生的巨大转变,劳动年龄人口持续减少,人口红利逐渐消失,经济增速逐步放缓,产业面临转型和升级,新型城镇化与户籍制度改革加快推进,迁移劳动力对资源配置效率的提升作用正在逐渐减弱,但由于较快的人力资本改善速度,流动劳动力已经呈现出新的特征,其对经济的影响及作用机制是否已经发生改变?如果发生改变,迁移劳动力是否能够促进全要素生产率的增长,继续成为中国经济增长的来源,提升经济效率,促进中国的产业升级?中国经济还能从传统的增长源泉中获得发展驱动力吗?基于以上现实问题,本部分基于已构建的1990—2015年的中国城市流动人口和社会经济数据库,利用工具变量法从地级城市"市辖区"层面上考察劳动力流动对城市经济效率的影响及其作用机制,从经济效率角度分析劳动力对产业升级的作用。其中,利用普查数据修正了劳动力数据偏差,并与基于户籍人口的传统统计指标进行对比。本研究将进一步呈现不同时期、东中西部地区城市和不同资源类型城市中迁移劳动力对城市 TFP 和经济发展的影响。

7.1 引言

改革开放以来,中国经济市场化的程度逐步提高,限制劳动力要素流动的障碍逐渐拆除,区域间劳动力的流动已经成为常态。根据中国国家卫生健康委员会(原卫计委)发布的《中国流动人口发展报告2018》,中国流动人口规模从1982年的657万人扩大到2017年的2.45亿人,其占城镇人口的比例也从6.6%上涨到58.5%;另外,本部分根据人口普查数据的统计发现,迁移就业人口占城市总就业人口的比重也从1990年的7.7%上涨到2010年的39.6%,流动人口已经成为城镇劳动力市场的重要组成部分,并逐渐成为新增劳动力的主要来源,劳动力流动对城市经济增长和经济效率的作用不容忽视。

然而，国内劳动力流动的研究视角长期关注于劳动供给所带来的配置效率改善，从人力资本集聚效应角度探讨不足，近些年刚刚开始关注。主流研究认为，在二元经济时代，迁移对经济增长的作用主要体现在两方面：一方面，流动人口从边际生产率较低的农业部门转向非农部门，带来了配置效率的改善；另一方面，近乎无限供给的劳动力延缓了资本报酬递减现象的发生，这两者均促进了经济增长[216]，该阶段的研究主要集中在迁移所提供的充足劳动供给对经济增长的贡献上。然而，从理论上来看，迁移不仅是劳动力来源，也是人力资本和创新效应的贡献来源。根据国际移民理论的相关研究，长期劳动力流动能显著提高接受国的 TFP（Total Factor Productivity）[164]348，劳动力流动对 TFP 的作用渠道在于不仅扩大了劳动力市场规模，还加强了劳动力市场的异质性，不同人力资本、工作经验和文化的劳动力集聚有助于专业化分工和创新，从而提高了微观生产率[163]265,[166]18。然而，国内少有研究从该角度出发，探讨劳动力流动对 TFP 的作用及机制。

从现实出发，迁移人口对于中国经济发展的含义和角色正在发生变化。中国发展阶段已经从城乡二元经济结构向城乡一体化经济转变，随着老龄化和劳动总量供给的下降，依靠传统要素投入增长的发展模式已经难以维继，经济增长方式也从要素驱动型向 TFP 驱动型转变[2]56。早在 2000 年，中国 65 周岁及以上老人占总人口的比例就已经达到了 7.0%，步入老龄化社会，之后一直处于持续上升态势，截至 2016 年年底，该比例已经高达 10.8%；另外，中国 15~64 周岁的人口数量从 2013 年之后就呈现下降趋势，这意味着，在当前中国向高收入国家转型的关键时刻，不仅面临着"未富先老"的困境，而且必须应对劳动力总量下降以及由此所带来的劳动力成本上升和资本报酬递减对经济增长的负面影响。发展中国家跨越"中等收入陷阱"的主要动力来源于 TFP 推动的劳动生产率增长[3]7，TFP 的提升才是提高劳动增长率的根本途径，因此中国经济增长必须转向全要素生产率驱动型[2]59。尽管迁移对经济的劳动力配置效应还没完全消失[5]3，但其作用也在逐渐下降；加上较快的人力资本改善速度，不同于二元经济时代，中国现有的迁移劳动力已经呈现出新的人力资本特征，因此，在当前中国经济向 TFP 驱动转型的背景下，进一步从人力资本和创新角度探讨劳动力流动对 TFP 的影响及作用机制有着重要的理论和现实意义。

在劳动力无限供给的背景下，劳动力流动提高了中国经济的配置效率，但随着人口红利的逐渐消失，劳动力流动对 TFP 的影响及作用途径是否存在变化呢？中国经济还能从传统的增长源泉中获得发展驱动力吗？本部分的相关分析旨在回答上述问题。

7.2 计量模型设定描述性统计

7.2.1 模型设定与变量解释

根据已有研究的推论，迁移人口通过改变地区的人力资本分布，通过人口集聚效应、正外部性以及专业化分工提升了地区的全要素生产率。那么，在中国城镇化加快推进的背景下，迁移是否通过以上作用机制对全要素生产率影响还有待估算。全要素生产率概念的产生来源于增长核算问题，创造性地的提出增长核算方法的是 Solow[217] 和 Abramovitz[218] 两位经济学家，该方法为探究经济增长源泉和各要素对经济增长的贡献提供了一种可行的路径。在该方法中，全要素生产率被称作索洛剩余，即产出扣除平均劳动资本的一个剩余。

目前，主流研究核算 TFP 的方法主要分为三种：第一种是增长核算法，该方法首先需要估算资本和劳动的份额，然后利用产出扣除资本和劳动的贡献后得到 TFP 的增长。第二种是非参数方法，该方法可以将 TFP 分解为技术进步、技术效率以及规模效率等部分，但是利用该方法计算得到的 TFP 是一个相对值，适用于面板数据。第三种是参数法，参数法具体还可细分为三种：一是随机前言生产函数法（SFA）；二是 OLS、FE、GMM 等方法；第三种则是比较前沿的半参数方法（OP 和 LP 等），该类方法适用于微观数据的研究，可以很好地避免选择偏差等问题。由于本部分计算的是 TFP 的是绝对值而非增长率，并且受限于数据，综合以上研究方法的优缺点，相对于非参数方法和半参数法，增长核算法更适合。

因此本部分拟采用两要素生产函数模型来探究迁移对 TFP 的影响。在经济增长的实证文献中，由物质资本投入和劳动力投入的两要素构成的柯布—道格拉斯函数仍然是最常用的计算 TFP 的生产函数形式。首先，本部分设定两要素生产函数的形式基本如下：

$$Y_{it} = A_{it} K_{it}^{\alpha} L_{it}^{\beta} \tag{7-1}$$

式（7-1）中，Y_{it}、K_{it} 和 L_{it} 分别为第 i 市第 t 年的产出、物质资本投入、劳动力投入。α 和 β 分别代表物质资本和劳动力投入的产出弹性。A_{it} 代表的是全要素生产率（TFP），它指的是在物质资本和劳动力要素投入水平既定的条件下，生产所达到的额外生产率。通过式（7-1），将产出中物质资本和劳动力投入的贡献扣除后,本部分可以得到具体的 TFP 指数。

其次,采用合适的代理变量来衡量迁移,从而具体深入地分析迁移对 TFP 的影响。已有研究认为中国 TFP 主要来源于企业技术进步所导致的微观生产效率提高和制度变革带来的要素配置效率提升[2]56-71,[219]。但除却制度变革和技术进步的贡献外,也有研究表明地区的地区外商投资、政府规模、基础设施和地区人力资本水平及科技投入等其他因素对 TFP 有显著的影响。因此,除了迁移这一核心解释变量外,本部分研究还添加一系列能够捕捉不同城市相关特征的控制变量,从而能够更加准确地估计迁移对 TFP 的影响。本部分设定 TFP 生产的具体形式为:

$$A_{it} = A\ e^{\gamma Mr_{it} + \varepsilon Edu_{it} + \varepsilon FDI_{it} + \theta Gover_{it} + \rho Scien_{it} + \sigma Insfra_{it} + X_{it}\beta + \mu_{it}} \tag{7-2}$$

对式(7-2)两边求导得到以下计量回归模型:

$$ln\ A_{it} = lnA + \gamma\ Mr_{it} + \varepsilon\ Edu_{it} + \varepsilon\ FDI_{it} + \theta\ Gover_{it} + \rho\ Scien_{it} + \sigma\ Insfra_{it} + X_{it}\beta + \mu_{it} \tag{7-3}$$

式(7-3)中,Mr 作为劳动力流动的代理变量,利用 i 城市中 t 时期劳动年龄就业人口中迁移人口所占比例来表示,γ 为劳动力流动对 TFP 影响的系数。Edu 代表地区的人力资本水平(非连续年份),FDI 代表外商直接投资,$Govern$ 代表政府的规模,$Scien$ 代表科技投入水平,$Infras$ 代表城市的基础设施水平,X_{it} 为表征城市特征的系列影响因素向量,β 为控制变量参数的向量组合,μ_{it} 代表残差项,以上各影响因素的具体代理变量见第三部分。本部分拟利用式(7-3)中的计量回归模型来探究迁移对 TFP 的影响。

本部分数据来源于前文自行构建的中国城市流动人口和社会经济数据库,具体说明见导论第三部分。本研究采用地级城市"市辖区"口径。外来劳动力定义为在本市居住或工作半年以上,且户籍不在本市的劳动力。本研究核心解释变量"移民比例"定义为外来就业劳动力占本市总就业劳动力的比重。人口与劳动力数据来源于1990—2015 年历次全国人口普查和1%人口抽样调查微观数据,城市层面的宏观经济指标等数据来源于相关年份《中国城市统计年鉴》。以下将对相关的重要指标进行具体的解释和说明。

(1)产出和资本存量

产出和资本存量的数据来源 1990—2016 年《中国城市统计年鉴》。根据年鉴,利用市辖区的"地区生产总值"来衡量产出。鉴于城市层面的"地区生产总值平减指数"数据缺乏,因此,利用省级层面的"地区生产总值平减指数"得到以 1990 年不变价计算的各城市的实际生产总值。

"资本存量"的估算是计算 TFP 的关键。本部分利用历年城市的"固定

第7章 劳动力流动对城市全要素生产率的影响

资产投资"数据,采用永续盘存法来估算"资本存量"。永续盘存法的基本计算公式为:$K_{it} = I_{it} + (1 - \delta_t) K_{i,t-1}$,可以发现计算资本存量关键是要确定四个指标的取值,其估算步骤主要如下。

第一,确定基期的资本存量 K_{i0}。首先,确定基期。现有估算中国经济资本存量的研究一般以1952年和1978年为基期,但由于本部分的研究口径为地级城市的"市辖区",年鉴数据最早可追溯的年份为1990年,因此将该年份定为基期,也有部分城市缺失该年份的数据,则将以可追溯的最早年份作为该城市的基期。其次,确定基期后,我们需要确定基期的资本产出比(K/Y)。在早期的研究中,学者一般采用假设的资本产出比来倒推基期的资本存量,其取值从2.0、2.5~3.0和3.0以上不等[220,221][222]。根据已有研究,本部分确定基期年份的资本产出比为2.0。最后,利用该比例计算基期的资本存量。

第二,确定投资水平 I_{it}。在现有对中国TFP的测算研究中,大部分研究采用资本形成总额或者固定资产形成总额衡量投资水平,统计部门只公布了全国和省级层面的数据,城市层面数据缺失。因此,本研究利用城市层面的"全社会固定资产投资总额"来衡量投资水平,并且利用省级层面的"固定资产价格指数"折算实际的投资水平,以消除价格因素的影响。

第三,确定折旧率。相关学者对于中国固定资产折旧率的大小存在分歧,尚未达成共识。例如,Perkins[223]、王小鲁和樊纲[224]、Wang和Yao[112]37和岳书敬等[225]假定折旧率为5%,Young[226]假定为6%,和龚六堂等[227]假定为10%,单豪杰[228]假定为10.96%。在相关研究中,比较有影响力的当属张军等[229]估算的9.6%的结果。在该研究中,作者从理论上厘清了折旧率和重置率的区别,将传统研究中资本品的相对效率替换成法定残差值率,按照固定资产投资中建筑安装工程、设备器具购置和其他费用三类资产各自的平均寿命期计算折旧率并加权平均,得到省级层面固定资产形成总额的折旧率为9.6%。综合相关研究,本部分设置折旧率参数为9.6%。

确定以上四个主要指标及参数,利用永续盘存法我们可以估算历年各个城市的资本存量。

(2)劳动力投入

在本部分研究中,劳动力投入将采用来自两类数据库的数据表示:一是利用《中国城市统计年鉴》的就业人数,另一种是利用人口普查和1%人口抽样调查的就业人数。尽管衡量的都是城市市辖区的就业数量,然而两者数据在统计上存在较大的差异。在城市统计年鉴中,劳动力指的是15~59

周岁的就业人员数量,其投入等于"城镇单位总产业从业人员"加上"城镇私营和个体从业人员"。而在第二种方法中,劳动力指的是市辖区内15~64周岁就业人口数量。就业人口的衡量通常包括两个年龄段界定标准:一是采用16~60周岁的劳动力口径;本部分研究采用的是第二种统计口径中,即15~64周岁的标准,随着老年人预期寿命提高和健康状况改善,以及即将推行的延长退休改革,60~64周岁人员有条件继续活跃在劳动力市场中,采用该标准更能准确衡量实际的劳动力投入,从而更能准确的估算TFP。除却统计方法造成的差异,这也是两类数据在统计上呈现较大差异的主要原因。然而利用人口普查和1%人口抽样调查数据还存在一个较大的问题,中国人口普查调查为十年一次,在两轮人口普查的中间年份进行1%人口抽样调查,如果利用该统计口径,则劳动力数据是非连续的。对此,本节采用插值法来解决该问题,鉴于已有劳动力数据的观察年份分别为1990年、2000年、2005年、2010年和2015年,将两轮调查之间人口增长平滑到每一年份,从而得到1990—2015年历年的连续观察值。本节将在两种不同统计口径的劳动力投入背景下,观察并比较迁移对城市TFP的影响。

(3)控制变量

中国城市之间差异较大,因此本部分选取经济发展水平、城市规模、人口密度、产业结构、人力资本积累、政府规模、实际利用外商投资水平、基础设施、科技研发投入、是否为资源型城市等变量作为影响TFP的其他变量,以控制城市的异质性特征。其中,经济发展水平利用人均GDP代表,用城市年末总人口来衡量城市规模,根据第二产业产值占比代表城市产业结构。需要特别说明的是,人力资本积累是根据人口普查和抽样调查微观数据加总计算得到的城市平均受教育年限,受教育程度指标的与前述章节的一致。另外,利用政府财政支出占GDP的比值来代表政府规模,实际利用外商投资占GDP的比值来衡量经济中实际利用外商投资的水平,人均城市道路面积来衡量基础设施水平,利用人均科技研发投入来衡量城市的科研投入。

7.2.2 描述性统计

表7-1为主要变量的统计性描述,关于迁移比例的变化分析见第四章。同时可以发现,两种不同统计口径下劳动力投入也存在巨大的差别。1990年和2000年,《中国城市统计年鉴》中劳动力投入高于普查数据,但2005—2015年,其数值明显小于1%人口抽样调查数据和普查数据,且差距

第7章 劳动力流动对城市全要素生产率的影响

越来越大，主要原因可能有两点：一是年鉴数据统计的是户籍人口的就业投入（《中国城市统计年鉴》数据的调查部门为公安统计部门，其调查口径为户籍人口，并未包括外来人口），而后者则是根据实际就业人数进行汇总；二是前者的就业人口的统计标准为 16~60 周岁，而后者采用的标准则是 15~64 周岁，两种原因的叠加导致数据呈现显著不同。

两种劳动投入下，计算出来的全要素生产率绝对值呈现出显著的不同，可以发现：首先，在城市统计口径下，TFP1 从 1990 年的 2.702 上涨到 2000 年的 2.728，之后一致呈下降趋势，下降到 2015 年 2.457，总体呈现下降趋势，波动较小；在普查数据统计口径下，TFP2 从 1990 年的 8.968 上涨到 2000 年的 9.683，之后下降到 2005 年的 9.446，到 2010 和 2015 年，则一直处于上升趋势，2015 年的 TFP2 为 10.609，总体呈现波动中上升的趋势；其次，在城市统计口径下的全要素生产率绝对值明显低于普查统计口径的，可见劳动力投入的准确衡量对于全要素生产率的计算至关重要。已有研究对于核算城市全要素生产率主要基于城市劳动统计口径，并且使用的方法主要基于参数型生产前沿法[230]，其计算的全要素生产率为增长率，与本书计算的绝对值不存在可比性，另外，都阳等[1]研究尽管计算了绝对值，但在文中并没有列出具体的计算值，因此也无法进行比较。

为了对比迁移劳动力和本地劳动力的差别，表 7-1 中统计了迁移人口和本地人口的平均劳动年龄和平均受教育水平。相关统计特征的分析与第四章类似，城市劳动力市场中劳动力构成呈现两个特征：从年龄结构上看，外来劳动力的年龄更加年轻，迁移劳动力的流入缓解了城市劳动力的老龄化趋势；从受教育结构上看，迁移劳动力受教育水平从低于城市本地人口到逐渐高于城市本地人口，呈现出新的趋势。

表 7-1 主要变量及描述性统计

变量	名称	1990 年	2000 年	2005 年	2010 年	2015 年
实际生产总值/亿元	Rgdp	45.265 (68.560)	96.733 (158.391)	189.696 (331.025)	359.609 (638.112)	570.171 (951.325)
就业 1/万人	Labor1	68.091 (72.053)	32.398 (51.693)	43.956 (69.243)	59.784 (109.722)	88.865 (169.820)
就业 2/万人	Labor2	52.720 (70.535)	61.194 (70.146)	63.822 (160.360)	114.967 (123.347)	142.049 (136.839)
全要素生产率 1	TFP1	2.702 (0.794)	2.728 (0.676)	2.547 (0.859)	2.402 (0.922)	2.457 (0.972)

（续表）

变量	名称	1990年	2000年	2005年	2010年	2015年
全要素生产率2	TFP2	8.968 (1.035)	9.683 (1.251)	9.446 (1.419)	10.220 (1.296)	10.609 (1.325)
迁移	Mr	0.077 (0.081)	0.272 (0.101)	0.287 (0.119)	0.396 (0.121)	0.221 (0.163)
经济发展水平/ (万元/人)	Pgdp	0.613 (0.322)	3.012 (2.237)	4.298 (2.821)	6.361 (3.769)	7.872 (9.458)
城市规模/ 万人	city_size	111.389 (117.221)	109.694 (126.482)	140.184 (156.300)	149.080 (180.420)	158.209 (159.923)
产业结构/ %	Industry	58.322 (14.099)	50.313 (11.928)	50.721 (12.373)	52.252 (11.731)	48.251 (10.358)
人口密度/ (人/平方公里)	Pd	1561.844 (1330.705)	1268.153 (1052.198)	1178.394 (1264.517)	1110.784 (1110.617)	971.939 (730.271)
人力资本水平/ 年	Edu	9.844 (0.902)	10.190 (0.597)	10.887 (0.810)	9.752 (0.642)	9.806 (0.822)
政府规模/ %	Govern	10.134 (4.366)	9.648 (4.729)	10.520 (4.035)	15.002 (6.718)	18.129 (8.121)
外商投资水平/ %	FDI	3.529 (6.389)	3.963 (5.927)	3.005 (3.127)	2.597 (2.575)	2.069 (1.883)
基础设施/ (平方米/人)	Infras	3.460 (2.198)	7.200 (28.426)	8.211 (4.743)	10.737 (5.392)	14.665 (16.361)
科技投入/ (元/人)	Scien	84.214 (50.423)	10.590 (15.191)	11.642 (18.222)	150.523 (311.897)	329.763 (580.511)
城市类型	Resource	0.289 (0.455)	0.372 (0.484)	0.371 (0.484)	0.384 (0.487)	0.394 (0.490)
本地人口年龄/ 年	Loc_age	33.748 (1.439)	35.841 (1.122)	36.888 (1.226)	38.417 (2.659)	39.639 (3.091)
迁移人口年龄/ 年	Mig_age	28.662 (2.264)	32.654 (1.991)	34.170 (2.233)	32.326 (2.570)	32.072 (3.789)
本地人力资本/ 年	Loc_edu	9.966 (0.951)	10.289 (0.730)	11.066 (0.877)	9.489 (0.773)	9.552 (0.796)
迁移人力资本/ 年	Mig_edu	8.355 (0.864)	10.097 (0.746)	10.553 (0.956)	10.282 (0.661)	10.931 (1.288)
样本量	N	128	215	221	232	180

注：表中为均值，括号中为标准差。

根据表7-2，可以发现，在普查统计口径下，1990—2015年的TFP2变化呈现两种特征：第一，在考察的时间段内，TFP2 均是东部地区的城市排第一，中部次之，西部排最后；第二，东中西部地区城市的 TFP2 的变化趋势为 1990—2000 年呈现增长趋势，2000—2005 年呈现轻微的下降趋势，而 2005—2015 年则呈现明显的上升趋势。在城市统计口径下，1990—2015 年的 TFP1 变化也呈现两种趋势：一是与 TFP2 的趋势一致，即计算得到的 TFP1 显示为东部地区排第一，中部次之，西部排最后；二是三类城市的 TFP1 呈现明显的下降趋势，其中，西部城市下降幅度最大，中部次之，东部则较小。以上分析表明：第一，无论利用哪种口径，东中西部地区的全要素生产均显示为东部最高、中部次之，西部最低；第二，利用更加准确的数据衡量全要素生产率显得尤为必要，因为这关系到对全要素生产率变化趋势的判断。

表 7-2 两种统计口径下 1990—2015 年东中西部地区 TFP 生产率

种类	地区	1990 年	2000 年	2005 年	2010 年	2015 年
TFP2	东部	9.144	10.175	10.095	10.870	11.234
	中部	8.889	9.454	9.159	10.030	10.348
	西部	8.607	8.683	8.464	9.133	9.706
TFP1	东部	2.994	2.973	2.845	2.764	2.820
	中部	2.813	2.709	2.558	2.380	2.392
	西部	2.825	2.169	1.874	1.663	1.683

7.3　劳动力流动对 TFP 影响的实证结果分析

7.3.1　基础回归结果分析

劳动力流动可能通过改变城市就业结构和人力资本分布水平对城市 TFP 产生影响，与此同时，TFP 高的城市经济会更加有活力，反过来吸引劳动力流入。因此，本研究面临劳动力流动和 TFP 互为因果所导致的内生性问题。如果采用最小二乘回归法（OLS），其估计结果存在内生性偏误。与前面的处理方法类似，本部分同样采取城市滞后一期外来人口的迁移就业比例作为工具变量以解决内生性问题。城市滞后一期的迁移就业比例跟迁移就业比例高度相关，满足相关性的条件；但该变量属于前定变量，跟本期的扰动项不相关，满足工具变量所要求的外生性，因此，选择城市前一期的能够较好地满足有效工具变量关于相关性和外生性的两个前提条件。进一步根据实验结果，工具变量法第一阶段回归结果显示，F 统计量为 466.061，大于 10；另外，"名义显著性水平"为 5% 的 Wald 检验显示，最小特征值统计量为 466.061，大于对应的临界值 8.96，接受不超过 15% 的"真实显著性水平"，拒绝了存在"弱工具变量"的原假设，因此，本部分的工具变量不存在"弱工具变量"的问题。

为了验证劳动力流动和城市全要素生产率的关系，本部分对两种劳动投入口径计算的 TFP 和城市就业人口中的迁移比例分年份做了散点图分析，具体见图 7-1。根据图 7-1，可以发现，除了在流动人口发展的初期，迁移和两种不同口径计算的 TFP 存在显著的正相关关系，该结果可以与下文的实证分析结果（具体见表 7-2）相互补充。

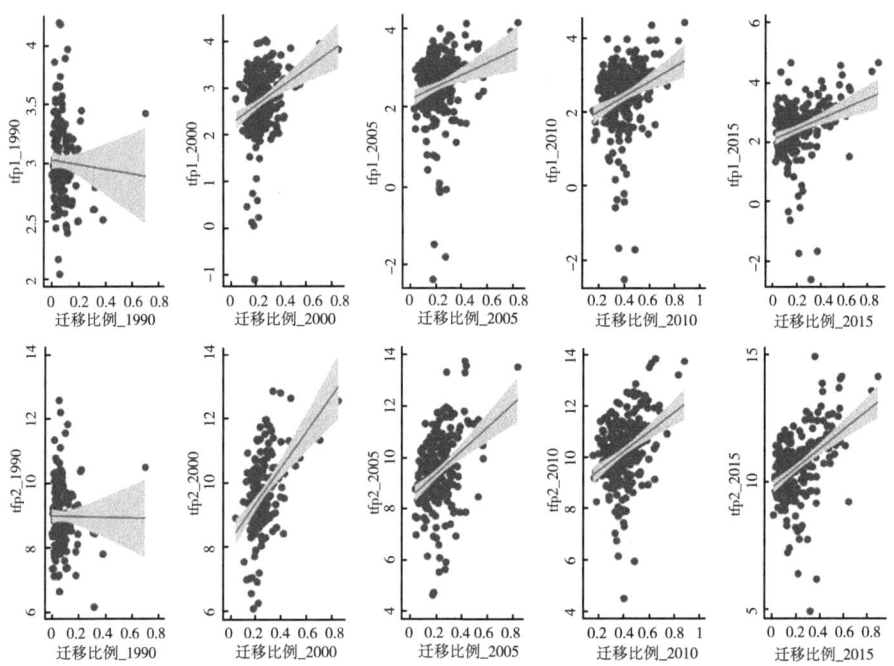

图 7-1 劳动力流动和两种统计口径下的全要素生产率的关系

数据来源：根据 1990 年、2000 年和 2010 年全国人口普查和 2005 年、2015 年全国 1% 人口抽样调查估算地级城市辖区的就业迁移人口比重；其中，图中的全要素生产率按照《中国城市统计年鉴》劳动力投入估算的全要素生产率（TFP1）和普查和抽样调查数据劳动力投入估算的全要素生产率（TFP2）。

第7章 劳动力流动对城市全要素生产率的影响

如表7-3所示,模型(1)—模型(2)是劳动力流动对TFP影响的计量回归结果。其中,在两种不同劳动投入下,模型(1)和模型(2)是使用工具变量后的两阶段最小二乘法(2SLS)回归结果。

由表7-3可知,2SLS回归结果显示,劳动力流动对TFP产生了显著的积极影响。模型(1)和模型(2)2SLS回归结果显示,迁移回归系数分别为1.228和1.533,通过了1%显著性水平检验,该结果表明1%的迁移就业人口增长会引致1.228%和1.533%的TFP增长。由以上结果可以发现:首先,2SLS回归结果均表明,劳动力流动对城市TFP的提升起到了促进作用。其次,在普查数据的统计口径下,劳动力流动对TFP的影响程度更深,作用更加明显,出现该结果的可能原因为:如前所述,相比利用普查年份数据计算的真实劳动力投入数据,城市统计年鉴中的劳动力投入数据存在低估的可能性,因此计算TFP的时候,高估了劳动对经济的贡献,从而低估了迁移对TFP的作用;最后,忽略劳动力流动和TFP的内生性问题会低估劳动力流动对城市经济效率的影响。根据前面的描述性统计可知,迁移人口相比城市人口,其劳动年龄更年轻,人力资本水平跟城市人口相当甚至更高,这从侧面验证了迁移人口能够通过优化城市劳动力市场的结构,改善人力资本分布结构,提升城市经济的活力,从而对城市的TFP产生积极影响。另一方面,迁移人口会影响城市已有的技术路径选择,提高生产的专业化程度,从而提升生产效率[164]348。

表7-3 两种不同劳动投入下的2SLS回归结果

变量	模型(1)	模型(2)
Mr	1.228***	1.533***
	(3.779)	(2.902)
Pgdp	0.063***	0.066***
	(3.437)	(3.266)
City_size	0.001***	0.003***
	(7.189)	(10.734)
Industry	-0.000	0.003
	(-0.180)	(0.962)
Edu	0.195***	0.146***
	(5.567)	(2.915)

(续表)

变量	模型（1）	模型（2）
Govern	-0.016***	-0.031***
	(-2.912)	(-4.396)
FDI	-0.006	0.001
	(-1.324)	(0.089)
Infras	0.000	0.007
	(0.221)	(1.151)
Science	0.065**	0.175***
	(2.138)	(4.069)
Pd	0.000***	0.000***
	(2.605)	(3.010)
Resource	0.057	-0.074
	(1.016)	(-1.100)
Region2	0.759***	0.791***
	(6.332)	(5.702)
Region3	0.826***	1.003***
	(6.742)	(6.976)
Time effect	Yes	Yes
cons	-1.099***	6.415***
	(-2.592)	(11.541)
观察值	782	780
调整 R^2	0.499	0.677
F 值		
Chi2 值	522.607	1 125.656

注：括号中为 t 统计量；***、**、* 分别代表 1%、5% 和 10% 的显著性水平，下表同。Region2 和 Region3 代表中部地区城市和东部地区城市。

7.3.2 不同分类标准下劳动力流动对 TFP 的影响

改革开放以来，中国城市经济快速发展，取得了举世瞩目的成绩，但由于地区之间不同的资源禀赋和经济发展战略，地区经济发展存在不平衡的现象，劳动力流动对不同类型和不同发展阶段的城市经济效率的提升作用可能也存在差异。因此，本部分将城市按照是否是资源型城市、东中西部地区以及不同时期分类，探究在不同条件下，劳动力流动的影响是否存在变化。以下表7-4至表7-6中的汇报结果均为采用工具变量后的回归结果，为节省篇幅，回归中的控制变量结果均已省略，具体的回归结果和分析见下文。

7.3.2.1 不同资源城市类型劳动力流动对TFP的影响

资源型城市和非资源型城市的发展路径和资源配置效率存在巨大差异。本节主要目的是探究劳动力流动对不同资源型城市的影响是否存在区别。根据《全国资源型城市可持续发展规划（2013—2020年）》的城市分类，本部分研究将已有城市样本分为资源型城市和非资源型城市。表7-4展示的是劳动力流动对资源型城市和非资源型城市的经济效率的影响。在两种不同的劳动投入下，模型（3）和模型（4）为资源型城市的迁移影响，模型（5）和模型（6）为非资源型城市的迁移影响。根据模型（3）和模型（4）可以发现，尽管模型（4）的结果不显著，劳动力流动的影响是负向的，表明劳动力流动并没有对资源型城市的经济效率产生积极影响。而根据模型（5）和模型（6）的回归结果，迁移的回归系数分别为1.654和2.162，均通过了1%显著性水平检验，表明迁移的比例每提高1%，非资源型城市的TFP将分别提高1.654%和2.162%，劳动力流动对非资源型城市TFP有显著的积极影响。

劳动力流动对资源型城市的影响不显著甚至为负，可能跟资源型城市的发展方式和路径有关。根据已有研究，资源型城市往往出现"资源诅咒"现象，即自然资源禀赋跟经济增长存在负相关关系[206]1-288,[211]1367。已有研究的共识是：自然资源一旦对其他要素产生"挤出效应"，会对经济增长产生不利影响。因此对出现以上现象的解释可能有以下两种：第一，对于资源型城市，资源部门的扩张会导致制造业的萎缩，无法延长产业链，并在长期的发展中形成路径依赖，导致资源配置效率的低下。此时，新进入的迁移人口从事的往往是与资源行业有关的低附加值产业，加上资源型城市无法创造更多的就业岗位，迁移人口和本地人口并没有形成分工协作，反而形成了较为激烈的竞争，因此，迁移比例的提高并不能对经济效率产生提升作用。第二，资源型城市丰富的资源禀赋条件长期内会造成地区的人力资本积累不足，导致经济发展的动力不足。根据相关统计数据，对比非资源型城市，资源型城市的平均受教育水平要低0.06年，本地就业人口平均受教育水平要低0.04年，人均科技投入要低72.97元，迁移就业人口比例要低5.6%，迁移人口平均受教育水平也要低 0.19 年。以上结果表明，相比较非资源型的城市，资源型城市不仅自身人力资本水平和科技投入不足，而且其吸引的迁移人口规模和质量均低于非资源型城市，这可能是从另一方面解释了为何迁移人口未对资源型城市的经济效率产生显著的积极影响。

表 7-4 资源型城市和非资源型城市中劳动力流动对 TFP 的影响（2SLS）

	资源型城市		非资源型城市	
	模型（3）	模型（4）	模型（5）	模型（6）
Mr	-2.000*	-1.892	1.654***	2.162***
	(-1.884)	(-1.527)	(4.025)	(3.267)
控制变量	已控制	已控制	已控制	已控制
cons	-0.088	6.437***	-1.334***	6.041***
	(-0.122)	(7.484)	(-3.083)	(9.592)
观察值	297	296	485	484
调整 R^2	0.429	0.615	0.584	0.723
chi2 值	101.467	532.502	521.196	1.0e+03

7.3.2.2 东中西部地区劳动力流动对城市 TFP 的影响

由于中国地域辽阔，各地区的经济发展水平参差不齐。在城镇化背景下，迁移人口对不同经济地区的影响可能存在差异。因此，本节将城市也按照省份东中西的划分原则分为东中西部地区城市，并考察劳动力流动对东中西部地区城市经济效率的影响方向及程度。在表 7-5 中，模型（7）和模型（8）为东部地区城市，模型（9）和模型（10）为中部地区城市，模型为（11）和模型（12）为西部地区城市。可以发现，在两种不同的劳动投入下，东部城市的迁移系数分别为 1.389 和 1.536，且均通过了 1% 的显著性水平检验；而中部地区的迁移系数虽然是负向的，但并不显著；西部城市的迁移系数分别为 6.640 和 8.853，通过了 5% 的显著性水平检验。以上结果表明：第一，劳动力流动对东部地区城市和西部地区城市的经济效率有正面影响，而对中部城市无显著影响；第二，相比较东部地区，西部地区的劳动力流动对 TFP 的作用更为明显。这可能是因为经济发展水平比较高的东部地区城市，其经济部门之间的配置原本就比较有效率，其迁移人口的质量相比西部地区要高，迁移人口对经济效率的提升体现在提高其微观生产率方面而非配置效率方面，而对于经济发展水平比较滞后的西部地区城市，迁移人口的作用主要体现在优化部门之间的资源配置，因此尽管迁移对东部地区城市和西部地区城市的经济效率提升有正面影响,但对东部地区城市的影响大小则小于西部地区城市;对于中部地区城市来说,其微观生产率方面的优势不如东部地区,资源配置效率的改进空间也不如西部地区,因此在统计上劳动力流动改进经济效率效果并不显著。

表 7-5 东中西部地区劳动力流动对城市 TFP 的影响 (2SLS)

	东部地区城市		中部地区城市		西部地区城市	
	模型 (7)	模型 (8)	模型 (9)	模型 (10)	模型 (11)	模型 (12)
Mr	6.640**	8.853**	−1.308	−1.081	1.389***	1.536**
	(2.112)	(2.416)	(−1.410)	(−0.863)	(3.993)	(2.471)
控制变量	已控制	已控制	已控制	已控制	已控制	已控制
cons	−4.019**	2.259	−0.345	6.393***	−0.306	7.664***
	(−2.258)	(1.064)	(−0.639)	(8.645)	(−0.659)	(11.678)
观察值	111	110	313	312	358	358
调整 R^2	0.224	0.389	0.446	0.692	0.560	0.730
chi2 值	60.382	117.679	304.001	726.748	327.943	894.538

7.3.2.3 不同时期劳动力流动对城市 TFP 的影响

在经济发展的不同阶段,城市中迁移人口的结构和质量存在显著区别,因此其对城市经济效率的影响也可能存在阶段性差异。因此,本部分按照已有数据,将样本分为 2000 年、2005 年、2010 年和 2015 年四个节点,据此考察不同节点上劳动力流动对 TFP 的影响。同样,表 7-6 列出了两种不同投入下不同时点上劳动力流动的回归结果,可以发现,2000 年的劳动力流动系数是正向的,但并不显著;2005 年,劳动力流动系数为分别为 1.219 和 2.127,后者通过了 10% 的显著性检验;2010 年的劳动力流动系数分别为 1.495 和 1.337,通过了 5% 和 10% 的显著性检验;2015 年的劳动力流动系数为 1.453 和 1.149,两者分别通过了 1% 和 10% 的显著性检验。以上研究结果表明,除了 2000 年,其余年份劳动力流动均对 TFP 有显著的正向影响。随着时间的推移,在第一种劳动力统计口径下,劳动力流动对 TFP 的影响越来越大,而在第二种劳动力统计口径下,劳动力流动对经济效率的提升程度出现下降,表明劳动力投入衡量的不同会直接关系到对劳动力流动影响经济效率程度的长期变化趋势的一个判断。其主要原因来自于统计偏差,基于户籍人口的劳动力指标低估了实际劳动力要素供给的贡献,而相对高估了劳动力流动对 TFP 的贡献,趋势上表现出递增态势,而利用普查数据修正劳动力统计偏差之后,劳动力流动对 TFP 贡献表现出下降趋势,更符合理论与现实。至于在 2000 年的作用不显著,可能的原因是受到上个世纪末国有企业体制改革的影响,国有企业体制改革造就了一大批下岗职工,该时期的迁移人口和城市本地就业人口的竞争加剧,加上处于经济转型的过渡期,迁移人口比例的提高未必会提升经济的配置效率,因此尽管影响方向为正,但在统计上并不显著。

表 7-6 2000—2015 年不同时期劳动力流动对城市 TFP 的影响(2SLS)

	2000 年		2005 年		2010 年		2015 年	
	模型(13)	模型(14)	模型(15)	模型(16)	模型(17)	模型(18)	模型(19)	模型(20)
Mr	0.882	2.071	1.219	2.127*	1.495**	1.337*	1.453***	1.149*
	(1.022)	(1.240)	(1.643)	(1.742)	(2.040)	(1.653)	(3.021)	(1.852)
控制变量	已控制	已控制	已控制	已控制	已控制	已控制	已控制	已控制
cons	-2.276**	3.314***	-1.424*	3.916***	-2.749***	5.285***	0.817	8.477***
	(-2.161)	(2.742)	(-1.913)	(3.680)	(-3.751)	(6.753)	(0.963)	(8.661)
观察值	151	149	219	219	232	232	180	180
调整 R^2	0.556	0.725	0.460	0.643	0.540	0.707	0.527	0.668
chi2 值	121.546	295.882	118.965	305.381	284.687	518.531	254.080	278.213

7.4 劳动力流动对 TFP 影响机制的探讨

以上分析结果表明,劳动力流动对城市 TFP 的积极影响是显著的,并且结果较为稳健。那么,劳动力流动对 TFP 的作用机制是什么呢?根据前文文献综述部分的总结,已有研究表明劳动力流动提升城市经济效率的途径可以概括为三个:集聚效应、移民生产的知识和创新所带来的外部性以及专业化分工。对于城市经济发展来说,集聚效应、知识和创新的外部性以及专业化分工对经济效率的提升作用已被大量文献所证实,但是迁移是否通过这三个途径对城市 TFP 产生影响,已有研究还尚未达成共识[164]353。因此,本部分将针对该方面对劳动力流动影响 TFP 的机制作一些分析和讨论。为了检验外来劳动力的进入作用于城市 TFP 的机制,本部分将构建计量模型进一步观察劳动力流动是否对城市的集聚、知识和创新以及专业化分工有影响,设定如下回归模型:

$$G_{it} = \varphi_0 + \varphi_1 Mr_{it} + \varphi_2 N_{it} + \mu_{it} \qquad (7-4)$$

第7章 劳动力流动对城市全要素生产率的影响

其中，Mr_{it} 代表外来劳动力的比例，跟前文一样，作为城市劳动力流动的代理变量，i 代表地区，t 代表时间。G_{it} 代表被解释变量，N_{it} 代表城市的控制变量。其中，被解释变量的选取包括三个方面：一是城市集聚程度的代理变量，城市化经济的发展与城市集聚程度都与集聚的绝对规模高度相关，本部分将选取城市人口规模 city_size（万人）作为城市集聚程度的代理变量[231]；二是知识和创新的代理变量，由于知识和创新是由人力资本所创造的，考虑到相关数据的可获得性，本部分选取与人力资本相关的变量来代表知识和创新，具体的变量选择有城市平均受教育年限 edu（年）、人均科技资本投入 science（元/人）的对数。三是专业化分工，在衡量劳动力流动对专业化分工的影响时，最合适的办法是对比迁移劳动力与本地劳动力所从事的职业，从而衡量两者的专业化分工程度。然而受限于数据的可获得性，本部分利用城市各产业的就业数据计算出个城市的区位基尼系数 Gini 来衡量地区的相对专业化程度[232]。其中，区位基尼系数的计算公式为：

$$\text{Gini} = \frac{1}{2} \frac{emp_{ij}}{\sum_j emp_{ij}} - \frac{\sum_j emp_{ij}}{\sum_i \sum_j emp_{ij}} \tag{7-5}$$

其中，emp_{ij} 代表的是 i 城市 j 产业（$j = 1, 2, 3$）的就业量，以上指标的计算主要分为三步：首先，计算 i 城市 j 产业就业人数占全国 j 产业就业的比例；其次，计算全国 j 产业的就业占全国三次产业总就业的比例；最后，计算 j 产业两个比例之差的绝对值，然后将所有产业加总之后再乘以 1/2，最后计算得到 i 城市的区位基尼系数。计量方法仍然采用工具变量法，具体的回归结果见表 7-7。

由表 7-7 可以发现，在第一列中，劳动力流动的回归系数为 343.65，通过了 1% 的显著性水平检验，表明劳动力流动对城市规模具有显著的正向影响，城市就业人口中迁移比例越高，城市的集聚程度越高，迁移通过提高城市的规模产生集聚效应。诸多文献表明，人口的集聚效应能够促进城市生产率的提升[36]54,[62]121。在第二列和第三列中，劳动力流动对城市平均人力资本水平和人均的科技教育投入的影响是正向显著的，该结果意味着迁移对城市人力资本分布产生了积极影响，同时提高了城市对科技和教育的投入，增加了城市的人力资本积累，不断增加的城市人力资本积累会加快城市新知识和创新的产出，从而提高城市的 TFP。在第四列中，劳动力流动的系数为 0.018，通过了 1% 的显著性水平检验，表明劳动力流动提升了地区的专业化水平。根据卫计委发布的全国流动人口统计公报和全国农民工监测报告，在 2014—2016 年，异地农民工（保持统计口径一致）数量占总的流动人口的比例在 66.4%~68.9%，这意味着农民工是流动人口的主要组成部分，而在对农民工就业行业的数据统计表明，从事金融、科技研发以及信息等高技术行业的农民工比例仅为 8.8%~11%，其余将近 90%从事的都是建筑业、批发零售业等低技术行业。从另一方面看待这个数据，可以发现迁移人口在城市劳动力市场上与本地人口形成了互补，加强了地区的专业化分工程度，专业化分工提高了城市的经济效率，表明迁移人口通过专业化分工对城市经济效率产生了积极影响，这与 Peri[163]265 的研究推论一致。

表 7-7 劳动力流动提高城市全要素生产率的作用机制 (2SLS)

	集聚效应	知识和创新的外部性效应		专业化分工
	city_size	edu	science	Gini
Mr	343.652***	0.752**	3.905***	0.018***
	(4.264)	(2.293)	(9.337)	(2.979)
Pg	-4.288***	-0.014***	-0.020***	-0.000
	(-4.137)	(-3.230)	(-3.649)	(-1.250)
Pgdp	-1.026	-0.000	-0.010*	-0.000
	(-1.453)	(-0.090)	(-1.829)	(-1.059)
Industry	-2.056***	-0.001	0.018***	
	(-4.362)	(-0.363)	(6.222)	
FDI	2.409	-0.010*	0.013	0.000
	(1.382)	(-1.674)	(1.475)	(0.391)
Infras	-1.259*	0.008*	0.015**	0.000
	(-1.847)	(1.747)	(2.008)	(0.199)
Time effect	Yes	Yes	Yes	Yes
Region2	-27.776	0.316***	0.595***	0.003***
	(-1.466)	(3.983)	(6.965)	(3.554)
Region3	7.634	-0.079	0.838***	0.001*
	(0.368)	(-0.951)	(9.789)	(1.694)
City_size		0.001***	0.001***	0.000***
		(6.208)	(5.491)	(7.077)
cons	242.785***	9.377***	2.541***	-0.006***
	(7.199)	(54.421)	(12.205)	(-3.739)
观察值	788	787	787	738
调整 R^2	0.142	0.424	0.784	0.561
chi2 值	49.518	513.255	3.2e+03	108.475

注：pg 代表地区 GDP 增长率。

第7章 劳动力流动对城市全要素生产率的影响

7.5 本章小结

本部分利用城市流动人口与经济社会指标数据库,采用工具变量法探究不同层次上劳动力流动对城市经济效率的影响及影响机制。

首先,研究发现利用两种统计口径计算的劳动力投入呈现巨大的差别。《中国城市统计年鉴》中劳动力投入高于普查数据,但2005—2015年,其数值明显小于1%人口抽样调查数据和普查数据,且差距越来越大。

其次,在实证模型中采取早期外来劳动力就业比例作为工具变量来解决内生性问题,得到了具有一致性的估计结果。劳动力流动对城市总体全要素生产率具有显著的正面影响,提升了城市的经济效率。研究结果表明,在两种不同统计口径劳动力投入下,迁移就业人口比例每提高1%,全要素生产率会分别提高1.228%和1.533%,迁移人口对城市的发展具有重要的贡献。对于非资源型城市而言,劳动力流动对TFP有显著的正面影响,但对资源型城市的影响并不显著甚至为负。研究还显示,劳动力流动对东部地区城市和西部地区城市TFP有显著的积极影响,但对中部地区的影响并不显著。这意味着,在不同的经济发展地区,迁移人口对TFP作用的途径并不一致,对于经济发展较高的东部地区,迁移人口的作用可能是在创新层面,提高企业生产的微观生产率,对于经济发展较为滞后的西部地区,迁移人口的作用在于提高部门之间的配置效率,从而提高经济的生产效率。另外,本部分还分别考察了2000年、2005年、2010年和2015年不同时期劳动力流动的作用,结果表明,除了2000年,其余年份劳动力流动的作用均是正向显著的,尽管不同期间迁移的作用有变化,但劳动力流动对TFP的提升作用是稳健的。

最后,劳动力流动可能是通过提高城市的集聚水平、利用知识和创新的外部性效应以及提高本地专业化分工对城市全要要素生产率产生了积极影响,本部分进一步验证了劳动力流动对这三种效应的积极影响。由此看来,迁移人口不仅扩大了城市的劳动力市场规模,更是城市需求的创造主体。异质性的迁移人口加强了城市的集聚程度,多元化的文化和思想发生碰撞,提高了城市的创新能力,加深了城市的分工协作,使得城市经济发展能够从知识和创新的外部性和专业化分工中受益,迁移人口为城市经济发展提供了新动力。

第8章 劳动力流动对城市劳动生产率的影响

根据第六章的分析,随着中国经济从城乡二元结构转向城乡一体化发展阶段,流动人口群体的年龄特征和人力资本已经发生了巨大改变,其对中国经济发展的含义和角色正在发生变化。经济增长和产业升级的动力主要来源于全要素生产率驱动的劳动生产率增长,第七章已经验证了迁移劳动力对代表生产效率的全要素生产率产生了影响。那么,劳动力流动对代表整体经济生产效率的劳动生产率即劳均产出是否存在影响呢?如果存在影响,又是通过何种作用机制对劳均产出产生影响的呢?本部分研究继续使用已有中国城市流动人口和社会经济数据库,考察劳动力流动对劳动生产率的影响,并进一步探讨其作用机制。由于本部分关注的是劳动力流动对宏观整体角度的劳动生产率的影响,并且在第六章中已经分析过劳动力流动对第二产业和第三产业的影响分析,故在此不再分行业讨论。

8.1 引言

根据上一章的分析,随着中国经济从城乡二元结构转向城乡一体化发展阶段,流动人口群体的人口特征和人力资本已经发生了巨大改变,其对中国经济发展的含义和角色正在发生变化。在二元经济时代,迁移劳动力的人力资本积累薄弱,对经济的贡献主要在于提供充足的廉价劳动供给,从而改善资源的配置效率,而不是从人力资本的角度为经济创造贡献。然而,随着经济的发展,国家加大了对人力资本的投资,迁移劳动力的人力资本水平发生大幅度改善。根据第四次和第六次人口普查公布的统计数据,1990—2010年,迁移人口的受教育水平为不识字或识字很少的比例从8.37%降到了1.92%,小学和初中的占比从60%左右下降了57.34%,高中和中专的占比从大约20%上升到22.66%,大专和本科的比例从大约10%上升到18.08%。随着时间的推移,迁移人口的受教育水平呈现逐年上升的趋势,表明流动人口的人力资本水平在不断改善。因此,迁移人口的特征变化促使我们有必要重新考察劳动力流动对地区经济增长的作用。

然而国内现有研究的视角主要关注国家和省级层面上劳动力流动对总量经济增长[4],[148]34-48和地区收入差距[95]27-35,[233-236]的影响,以及劳动力流动对城市劳动力市场的影响[117]693-710,[133]52-58[136]51-62,少有研究从地级市层面角度探讨劳动力流动对劳均产出的影响。在样本研究方面,已有文献对于劳动力流动和地区经济增长关系的探讨主要集中在国际移民方面,其研究对象主要以美国和欧洲这样的移民国家为主,而国内相关研究则主要集中在国家或省级的总量生产函数以及地区收入差距方面,其研究结论尚未有结论。国内实证分析劳动力流动对人均地区经济增长影响的文献较为缺乏,已有研究对此关注严重不足。受限于数据的可获得性,少有研究利用全国代表性城市数据来从中宏观层次上实证分析劳动力流动对地区劳均产出的影响。

因此,本部分的主要目的在于利用代表性的统计数据探究劳动力流动对城市劳动生产率的实际影响,并进一步回答劳动力流动作用于劳动生产率的作用机制问题,从经济整体劳动生产率的角度探究迁移劳动力对产业整体产业升级和经济效率转型的真实影响和作用机理。

8.2 理论框架与模型设定

为了估算劳动力流动对人均产出的影响,本书根据[237]的理论框架构建本书的分析框架。根据该理论基础,假设经济产出是物质资本和有效劳动服务的柯布—道格拉斯生产函数,即:

$$Y_{it} = K_{it}^{\alpha}(A_{it}H_{it})^{\beta} \tag{8-1}$$

式(8-1)中,Y_{it}、K_{it}和H_{it}分别为第i市第t年的产出、物质资本投入、有效劳动投入。α和β分别代表物质资本和人力资本投入的产出弹性。A_{it}代表的是全要素生产率(TFP),其贡献通过残差项计算。对式(8-1)两边同除以劳动力数量L_{it},并取对数可得:

$$\ln\left(\frac{Y_{it}}{L_{it}}\right) = \alpha\ln\left(\frac{K_{it}}{L_{it}}\right) + \beta\ln\left(\frac{H_{it}}{L_{it}}\right) + \beta\ln A_{it} \tag{8-2}$$

式(8-2)中,将劳均产出的差异分解为劳均物质资本、劳均有效劳动服务以及其他因素的贡献,但在该式中,A_{it}上升是劳均产出增长的潜在原因,因此,更有意义的分解是将产出的所有增长归结为残差项的贡献。为了达到以上目的,在式(8-2)两边同时减去$\alpha\ln\left(\frac{Y_{it}}{L_{it}}\right)$,之后同时除以

$(1-\alpha)$ 从而得到：

$$\ln\left(\frac{Y_{it}}{L_{it}}\right) = \frac{\alpha}{1-\alpha}\ln\left(\frac{K_{it}}{Y_{it}}\right) + \frac{\beta}{1-\alpha}\ln\left(\frac{H_{it}}{L_{it}}\right) + \frac{\beta}{1-\alpha}\ln A_{it} \qquad (8-3)$$

在本模型中，关键的是人力资本如何决定的假设，人力资本不仅取决用于人力资本积累的既定资源数量所能生产的人力资本，而且还依赖于投入到人力资本积累的资源数量。为了简化模型，假设既定资源所能生产的函数仅仅取决于每个劳动者的受教育年限，而投入到人力资本生产的资源数量看作是外生给定的，因此，本书假设人力资本的数量 H 的决定式为：

$$H_{it} = L_{it}G(E) \qquad (8-4)$$

$G(E)$ 代表劳均人力资本是工人平均受教育 E 的函数。微观经济学的诸多经验研究表明，个体工资随受教育年限上涨而增加，也即意味着 $G(E)'$ 是递增的，假设 $G(E)$ 的函数形式如下：

$$G(E) = e^{\varphi E}, \varphi > 0 \qquad (8-5)$$

将式（8-4）和式（8-5）代入（8-3）式，可以得到：

$$\ln\left(\frac{Y_{it}}{L_{it}}\right) = \frac{\alpha}{1-\alpha}\ln\left(\frac{K_{it}}{Y_{it}}\right) + \frac{\beta}{1-\alpha}\varphi E + \frac{\beta}{1-\alpha}\ln A_{it} \qquad (8-6)$$

在前文的分析中，劳动力流动通过影响地区的创新和技术演变路径，从而对地区的劳均产出影响，因此本书在 A_{it} 中引入迁移的代理变量，从而估算迁移对地区工人人均产出的影响。已有研究认为中国 TFP 主要来源于企业技术进步所导致的微观生产效率提高和制度变革带来的要素配置效率提升。但除却制度变革和技术进步的贡献外，也有研究表明地区的地区外商投资、政府规模等其他因素对经济效率有显著的影响。因此，除了迁移这一核心解释变量外，本研究还添加一系列能够捕捉不同城市相关特征的控制变量，设定 A_{it} 的具体形式为：

$$A_{it} = A\ e^{\gamma Mr_{it} + X_{it}\beta + \mu_{it}} \qquad (8-7)$$

其中，γ 为迁移的回归系数，对式（8-7）两边求导得到以下计量回归模型：

$$\ln A_{it} = \ln A + \gamma\ Mr_{it} + X_{it}\beta + \mu_{it} \qquad (8-8)$$

将式（8-8）代入到（6）式中可得：

$$\ln\left(\frac{Y_{it}}{L_{it}}\right) = \frac{\alpha}{1-\alpha}\ln\left(\frac{K_{it}}{Y_{it}}\right) + \frac{\beta}{1-\alpha}\varphi E + \frac{\beta}{1-\alpha}\ln A + \frac{\beta}{1-\alpha}\gamma\ Mr_{it} + \frac{\beta}{1-\alpha}X_{it}\beta + v_{it}$$

$$(8-9)$$

式（8-9）中，Mr 代表迁移的代理变量，在本研究中利用 i 城市中 t

时期迁移就业人口占总就业人口的比例来表示，系数 $\frac{\beta}{1-\alpha}\gamma$ 代表迁移对劳均产出的影响。X_{it} 为表征城市特征的系列影响因素向量，β 为控制变量参数的向量组合，v_{it} 代表残差项。

根据式（8-9），采用面板工具变量法来探究迁移对劳均产出的影响，具体实证模型如下：

$$\ln y_{it} = \theta_1 \ln k_{it} + \theta_2 E_{it} + \theta_3 \ln A + \theta_4 Mr_{it} + \theta_5 \text{govern}_{it} + \\ \theta_6 fdi_{it} + \theta_7 \text{edu\_ml}_{it} + \varepsilon_i + \lambda_t + \varepsilon_{it} \tag{8-10}$$

其中，下标 i 指城市 i，下标 t 指时期 t，ε_i 为城市固定效应，λ_t 为年份效应。y_{it} 代表劳均产出，k_{it} 为资本产出比，E_{it} 为城市的平均人力资本水平，利用劳动者的平均受教育年限来代表，根据人口普查和抽样调查微观数据加总计算得到的城市平均受教育年限，处理方法见第三章。由于中国城市之间差异较大，因此本书选取政府规模 govern_{it}、实际利用外商投资水平 fdi_{it} 和城市相对人力资本 edu_ml_{it} 变量作为影响劳均产出的控制变量，以捕捉城市的异质性特征。其中，利用政府财政支出占 GDP 的比值来代表政府规模，实际利用外商投资占 GDP 的比值来衡量经济中外商投资水平，利用迁移劳动力的平均受教育年限与本地劳动力的平均受教育年限的比值来衡量相对人力资本水平。

由于存在选择性偏差、度量误差和逆向因果关系，核心变量 Mr_{it} 可能是内生的。为了识别迁移对劳均产出的因果关系，与前几章的做法类似，本书拟采用滞后一期的迁移比例 $L.Mr_{it}$ 作为工具变量法以解决内生性问题。

8.3 描述性统计

本部分数据来源于前文自行构建的中国城市流动人口和社会经济数据库，具体说明见导论第三部分。本研究采用地级城市"市辖区"口径。外来劳动力定义为在本市居住或工作半年以上，且户籍不在本市的劳动力。本研究核心解释变量"移民比例"定义为外来就业劳动力占本市总就业劳动力的比重。人口与劳动力数据来源于1990—2015年历次全国人口普查和1%人口抽样调查微观数据，城市层面的宏观经济指标等数据来源于相关年份《中国城市统计年鉴》。本部分对于资本存量、资本产出比以及劳动力投入数据指标的处理与第六章相同。其中，劳均产出的计算泽水利用则算后的城市实际产出除以实际的劳动力投入数量得到。本部分将利用城市统计年鉴口径计算和人口普查和1%人口抽样调查微观数据计算的劳动力投入数据两种口径,并在两种不同统计口径的劳动力投入背景下,观察并比较劳动力流动对城市劳均产出的影响。

表8-1为本书相关变量的描述性统计结果。根据表8-1,labor1和labor2是分别利用城市统计年鉴户籍人口口径和人口普查以及1%人口抽样调查计算出来的劳动力投入量,通过对比两者的统计结果发现除1990年外,第二种统计口径(人口普查和抽样调查口径)的劳动力投入均大于第一种口径(城市统计年鉴口径)的劳动力投入,两种统计口径的劳动力投入均呈现逐年上升的趋势。因此,利用两种劳动力投入计算的劳均产出lny1和lny2也呈现显著不同,统计结果表明,第一种统计口径低估了劳动力投入(除1990年外),从而高估了由此计算的劳均产出,统计结果也表明第二种口径计算的劳均产出lny2低于第一种口径计算lny1。1990年,《中国城市统计年鉴》中劳动力投入高于普查数据,但2010—2015年,其数值明显小于1%人口抽样调查数据和普查数据,且差距越来越大,主要原因可能有两点:一是年鉴数据统计的是户籍人口的就业投入(《中国城市统计年鉴》数据的调查部门为公安统计部门,其调查口径为户籍人口,并未包括外来人口),而后者则是根据实际就业人数进行汇总;二是前者的就业人口的统计标准为15~59周岁,而后者采用的标准则是15~64周岁,后一种统计口径实际上扩大了劳动力投入的衡量范围。

对于迁移人口的基本特征与城市本地劳动力特征差异的分析见第四章。值得一提的是,在比较两者1990—2015年的相对人力资本水平数值大小可以发现,该数值在0.840~1.141变化,在2005年之前,该数值小于1,表明迁移劳动力的人力资本低于本地劳动力,2005年之后,该数值大于1,并且逐渐变大,表明迁移劳动力的人力资本高于本地劳动力。以上结果表明,随着时间的推移,迁移劳动力和本地劳动力的相对人力资本结构发生了逆转,2005之后,迁移劳动力的平均人力资本水平从低于本地劳动力到高于本地劳动力,而不是传统认为的迁移劳动力的人力资本水平一定低于本地劳动力,其发展已经呈现出新趋势。

表8-1 相关变量的描述性统计结果

变量名	变量定义	1990年	2000年	2005年	2010年	2015年
lny1	劳均gdp1（对数）	8.619 (0.448)	10.078 (0.776)	10.445 (0.797)	10.841 (0.845)	10.993 (0.808)

(续表)

变量名	变量定义	1990年	2000年	2005年	2010年	2015年
lny2	劳均gdp2（对数）	9.054 (0.759)	9.595 (0.768)	10.322 (0.878)	9.872 (1.002)	10.248 (1.034)
lnk	资本产出比（对数）	0.693 (0.000)	1.052 (0.592)	1.459 (0.726)	1.906 (0.824)	2.027 (0.818)
labor1	就业1（万人）	68.401 (72.253)	33.017 (52.502)	43.944 (68.946)	59.945 (109.513)	95.099 (188.730)
labor2	就业2（万人）	52.720 (70.535)	54.187 (71.457)	66.639 (165.656)	118.545 (127.372)	149.046 (154.556)
mr	迁移比例	0.077 (0.092)	0.283 (0.127)	0.295 (0.148)	0.399 (0.125)	0.223 (0.164)
E	平均人力资本（年）	9.865 (0.872)	10.199 (0.619)	10.885 (0.815)	9.735 (0.648)	9.854 (0.840)
govern	政府规模（%）	10.152 (4.379)	9.613 (4.686)	10.532 (4.008)	14.85 (6.713)	18.059 (8.072)
fdi	外商投资水平（%）	3.259 (5.628)	4.031 (5.921)	3.079 (3.280)	2.597 (2.570)	2.091 (1.879)
mig_age	迁移就业人口年龄	28.662 (2.264)	32.653 (1.987)	34.168 (2.219)	32.276 (2.559)	32.296 (3.873)
loc_age	本地就业人口年龄	33.801 (1.313)	35.847 (1.131)	36.886 (1.226)	38.353 (2.676)	39.716 (3.129)
edu_ml	相对人力资本	0.840 (0.085)	0.985 (0.089)	0.956 (0.084)	1.088 (0.087)	1.141 (0.143)
mig_edu	迁移人力资本（年）	8.355 (0.864)	10.106 (0.755)	10.554 (0.956)	10.26 (0.671)	10.912 (1.287)
loc_edu	本地人力资本（年）	9.989 (0.920)	10.302 (0.752)	11.066 (0.886)	9.473 (0.775)	9.607 (0.805)
N	样本量	127	220	227	238	213

8.4 劳动力流动对城市劳动生产率影响的实证结果分析

8.4.1 基础回归的结果

为了研究劳动力流动对城市劳均产出的实际影响，本书对两种劳动投入口径计算的劳均产出和城市就业人口中的迁移比例分年份做了散点图分析，具体见图8-1。根据图8-1，可以发现，除2015年，劳动力流动和第一种口径计算的劳均产出存在显著的正相关关系，但其斜率随着时间的推移，逐渐下降；而劳动力流动对第二种口径计算的劳均产出存在正相关关系，在2005年之前，其斜率呈现下降趋势，但2005年之后，其斜率则呈现上升趋势。该结果表明，利用第一种统计口径衡量的劳动力投入会严重影响迁移对城市劳均产出关系的判断，因此，本书后面的分析将以第二种统计口径计算的结果为准。尽管如此，在两种统计口径下，城市劳动力市场中的就业迁移人口比例和城市劳均产出之间确实存在显著的正相关关系，该结果可以与下文的实证分析结果（具体见表8-2）相互补充。

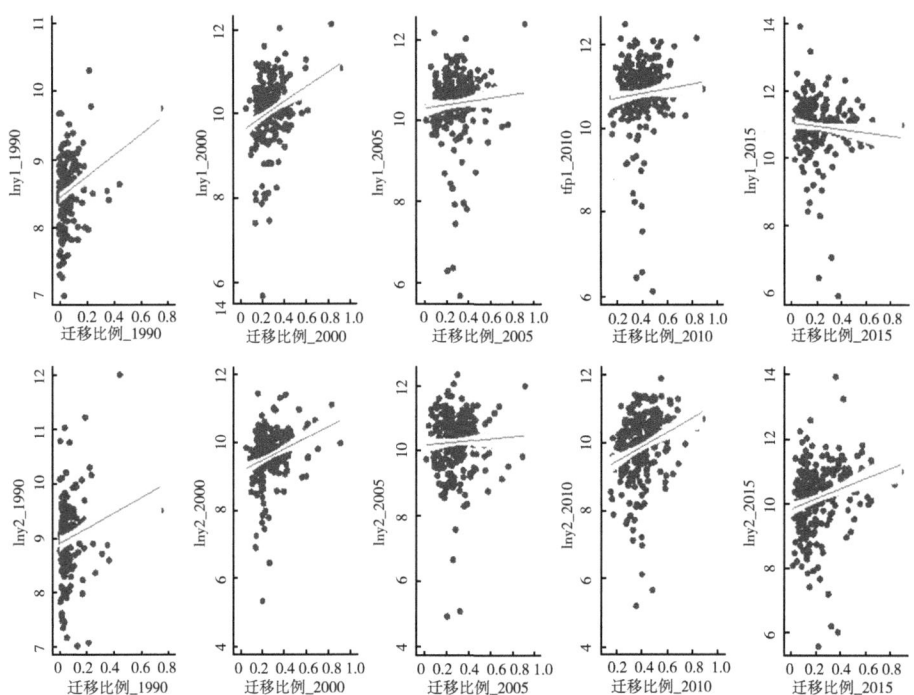

图 8-1　劳动力流动和两种统计口径下的劳动生产率的关系

数据来源：根据1990年、2000年和2010年全国人口普查和2005年、2015年全国1%人口抽样调查估算地级城市辖区的就业迁移人口比重；其中，图中的劳均产出按照《中国城市统计年鉴》劳动力投入估算的劳均产出（lny1）和普查和抽样调查数据劳动力投入估算的劳均产出（lny2）。

表8-2汇报方程（8-10）双向固定效应模型的结果。表8-2的第一列汇报的是聚类稳健标准误下OLS的回归结果，将迁移视为外生变量。主要估计变量迁移mr的回归系数为0.620，通过了5%的显著性检验，表明迁移

对提高劳均产出有显著作用。

表 8-2 中第二列汇报的是使用了工具变量 L.mr 面板 2SLS 的估计结果。在采用面板固定效应模型之前,本书对随机效应模型和固定效应模型做了 Hausman 检验,该检验值为 59.89,P 值为 0.000 0,故强烈拒绝原假设,认为应该使用固定效应模型。如表 8-2 所示,迁移的系数值为 4.941,通过了 10% 的显著性检验,高于 OLS 中 0.620 的估计值,迁移对劳均产出的影响是正向显著的。该结果意味着城市劳动力市场中迁移就业的比例越高,越能提升城市的劳动生产率。模型 (2) 的回归结果表明,资本产出比的回归系数为 -0.456,通过了 1% 的显著性水平检验,资本产出比对城市劳均产出的影响是负面显著的,表明利用提高资本产出比的方法并不能提高城市的劳动生产率,反而会造成负面影响。而人力资本的回归系数为 0.170,通过了 1% 的显著性水平检验,表明城市平均人力资本水平的提升对城市劳均产出有正向显著的影响。而根据前文统计性描述可知,2005 年之后,迁移劳动力的人力资本水平则高于本地劳动力的人力资本水平,表明 2005 年之后的迁移劳动力改善了城市劳动力市场的平均人力资本,而人力资本对劳均产出的影响是正向显著的,这从侧面反映了迁移通过改善城市劳动力市场的人力资本水平对城市劳动生产率产生了促进作用。外商投资水平的回归系数为 0.021,通过了 10% 的显著性水平检验,表明外商投资水平的提高有益于城市劳均产出的增长。而政府规模衡量的该地区的市场化水平,尽管政府规模对劳均产出的影响虽然并不显著,但作用方向是负向的,表明政府规模越大,市场化水平越低,可能会对劳动生产率产生负面影响。而迁移劳动力和本地劳动力的相对人力资本水平的回归系数为 -0.542,通过了 10% 的显著性检验,表明相对人力资本水平差距越大,对劳均产出的负面效应越明显。

表 8-2 中第三列是面板工具变量回归第一阶段的回归结果,其中迁移的代理变量 mr 是被解释变量,工具变量为其滞后一期的迁移比例 L.mr。第一阶段的回归结果表明,工具变量的回归系数为 -0.104,在 5% 的显著性水平上显著。并且第一阶段的 F 统计量为 91.41,大于临界值 10,表明不存在弱工具变量问题。而工具变量的系数显著为负,表明给定其他条件,城市中迁移就业人口的比例增长越快,后期的迁移比例增长则越慢[1]。

为了对比迁移对两种劳动投入口径下劳均产出的影响,表 8-2 中第四

---

[1] 面板工具变量法中的工具变量也进行了离差变换,迁移就业比例的则变成了迁移就业比例的离差,衡量的是两期之间的变化。

列汇报的是迁移对使用第一种劳动力投入口径计算的劳均产出的影响,使用的也是面板工具变量法。回归结果表明,迁移的回归系数为5.837%,通过了5%的显著性水平检验,其系数大于第二种统计口径计算的劳均产出的影响系数。这意味着,如果采用第一种统计口径,则存在高估劳动力流动对地区劳动生产率的影响的可能性。

总而言之,劳动力流动对地区劳均产出呈现显著的正面影响,能显著提升地区的实际劳动生产率。在解决迁移的内生性问题后,该影响仍然是稳健的,并且变得更加显著。

表 8-2 劳动力流动对两种统计口径下城市劳动生产率的影响

被解释变量	lny1		lny2	
	(1) OLS	(2) FE_IV	(3) 第一阶段	(4) FE11_IV
mr	0.620**	4.941*		5.837**
	(2.585)	(1.846)		(2.570)
lnk	-0.963***	-0.456***	0.001	-0.451***
	(-11.891)	(-5.784)	(0.058)	(-5.337)
E	0.319***	0.170*	0.035***	-0.248***
	(9.376)	(1.710)	(5.483)	(-3.034)
fdi	0.021***	0.021**	-0.002**	0.024***
	(3.234)	(2.543)	(-2.245)	(2.825)
govern	-0.026***	-0.004	-0.001	0.003
	(-4.700)	(-0.822)	(-0.746)	(0.487)
edu_ml	-0.050	-0.542*	-0.0362	0.236
	(-0.154)	(-1.833)	(-1.007)	(0.784)
时间虚拟变量	是	是	是	是
L.mr			-0.104**	
			(-2.956)	
cons	6.769***	7.432***	-0.017	11.132***
	(15.283)	(12.434)	(-0.228)	(18.112)
N	1 025	847	847	808
R^2_a	0.535			
Wald chi2		2.9e+05		3.3e+05
第一阶段 F 值			91.41	

8.4.2 作用机制检验

如前文所述,劳动力流动可能是通过改变地区的相对人力资本和本地市场效应这两种机制,从而对地区经济增长产生了作用。因此,在上述模型的基础上,本书进一步探讨了劳动力流动是否通过以上两种机制对地区经济增长产生了作用。其中,相对人力资本利用迁移劳动力的平均受教育年限和本地劳动力平均受教育年限的比值来表示,而本地市场效应则利用城市的社会商品零售总额(取对数)来表示。在模型中引入迁移与以上两个变量的交叉项来观察迁移是否这两种因素对地区经济增长产生了作用。

如表8-3所示,模型(5)至模型(9)是使用面板工具变量法后的相关回归结果。其中,模型(5)引入了迁移和相对人力资本的交叉项,迁移的回归系数提高到13.152,通过10%的显著性水平检验,此时,相对人力资本的作用尽管为正,但并不显著,而迁移和相对人力资本交叉项的系数则显著为负,回归系数为-11.719,通过了10%的显著性水平检验,表明迁移规模和相对人力资本的共同作用下,对城市劳均产出产生了负面影响。模型(6)则在模型(5)的基础上控制了本地市场效应,结果表明,迁移的影响仍然显著为正,但系数减小到11.040,本地市场效应的作用显著为正,而劳动力流动和相对人力资本交叉项的系数则并不显著,表明在控制本地市场效应之后,劳动力流动并没有通过影响相对人力资本对劳均产出产生影响。模型(7)则是引入了社会商品零售总额及其与迁移的交叉项,回归结果表明,劳动力流动对劳均产出的作用变得不显著,交叉项的系数也并不显著,这可能是因为在模型中并没有控制相对人力资本这一变量所导致的,因此进一步在模型(8)中引入相对人力资本水平。根据表8-3第四列汇报的结果,可以发现劳动力流动的作用显著为正,回归系数为11.171,通过了10%的显著性水平,本地市场效应对劳均产出的作用显著为正,但迁移和本地市场效应的交叉项并不显著,表明在该模型下,劳动力流动并没有通过本地市场效应对劳均产出影响。

根据前几个模型的结果,劳动力流动可能同时通过影响相对人力资本和本地市场效应两种机制影响经济增长。因此,模型(9)同时控制这两种影响因素,并分别引入迁移和这两类变量的交叉项,以观察劳动力流动对城市劳均产出的影响及机制。回归结果表明,劳动力流动的系数仍然显著为正,系数大小为12.206,通过了10%的显著性水平检验,表明劳动力流动确实促进了城市劳均产出的提升。其中,相对人力资本水平和本地市场效应的系数分别为 6.046 和 0.630，分别通过了 5% 和 1% 的显著性检验，表明迁移劳动力相对人力资本越高，其对劳均产出的效应越明显，本地市场越大，越能提高劳均产出。而观察劳动力流动与相对人力资本的交叉项可以发现其影响显著为负，系数大小为 -4.787，通过了 5% 的显著性水平检验，表明迁移规模通过影响相对人力资本的分布从而弱化了相对人力资本对劳均产出的作用，但该影响低于相对人力资本的外部性所带来的劳均产出提升。劳动力流动和本地市场效应交叉项的系数并不显著，表明劳动力流动并没有通过本地市场效应对劳均产出产生负面影响。而相对人力资本和市场效应交叉项的系数为 -0.396，通过了 1% 的显著性水平检验，表明相对人力资本和市场效应共同对劳均产出产生了负面影响，但该影响较小。这可能跟迁移劳动力的消费习惯有关，有研究表明，户籍制度的门槛会本地市场效应的发挥，由于迁移劳动力缺乏相应的社会保障，导致其压低消费，汇款回家，不利于城市消费市场的发展，对城市劳均产出产生了微弱的负面作用[238]。

表 8-3 劳动力流动的作用机制检验

被解释变量	lny2				
	(5) Edu1	(6) Edu2	(7) market1	(8) market2	(9) market_edu
mr	13.152*	11.040*	10.246	11.171*	12.206*
	(1.942)	(1.677)	(1.518)	(1.659)	(1.792)
lnsk	-0.488***	-0.500***	-0.508***	-0.495***	-0.496***
	(-7.027)	(-7.297)	(-7.469)	(-7.285)	(-7.363)
E	0.484***	0.460***	0.393***	0.398***	0.472***
	(4.609)	(4.512)	(5.571)	(5.663)	(5.477)
fdi	0.008	0.010	0.009	0.009	0.010
	(1.188)	(1.389)	(1.227)	(1.294)	(1.406)
govern	-0.009*	-0.009*	-0.008*	-0.010*	-0.011**
	(-1.876)	(-1.880)	(-1.694)	(-1.940)	(-2.266)
edu_ml	2.035	1.539	—	-0.729***	6.046**
	(1.369)	(1.062)	—	(-2.978)	(2.545)
market	—	0.119**	0.293**	0.320**	0.630***
	—	(2.126)	(2.113)	(2.314)	(3.078)
mr * edu_ml	-11.719*	-9.743	—	—	-4.787**
	(-1.849)	(-1.582)	—	—	(-2.056)
mr * market	—	—	-0.672	-0.740	-0.459
	—	—	(-1.412)	(-1.557)	(-1.297)

(续表)

被解释变量	lny2				
	(5) Edu1	(6) Edu2	(7) market1	(8) market2	(9) market_edu
edu_ml * market	—	—	—	—	-0.396***
	—	—	—	—	(-2.591)
时间虚拟变量	是	是	是	是	是
_cons	2.688	1.920	1.944	2.235	-4.175
	(1.030)	(0.737)	(0.791)	(0.911)	(-1.088)
N	847	845	845	845	845
Wald chi2	3.8e+05	3.9e+05	3.9e+05	4.0e+05	4.1e+05

8.5　本章小结

本部分利用已有的城市流动人口与经济社会指标数据库，采用面板工具变量法探究劳动力流动对城市劳均产出的影响及影响机制。

首先，本部分利用人口普查数据和1%人口抽样调查数据纠正了城市统计年鉴计算的劳动力投入，并发现两者计算的劳动投入量和由此计算的劳均产出呈现显著的差异。通过对比两者的统计结果发现除1990年外，第二种统计口径（人口普查和抽样调查口径）的劳动力投入均大于第一种口径（城市统计年鉴口径）的劳动力投入，两种统计口径的劳动力投入均呈现逐年上升的趋势；第一种统计口径低估了劳动力投入（除1990年外），从而高估了由此计算的劳均产出，统计结果也表明第二种口径计算的劳均产出低于第一种口径计算的劳均产出。1990年，《中国城市统计年鉴》中劳动力投入高于普查数据，但2010—2015年，其数值明显小于1%人口抽样调查数据和普查数据，且差距越来越大，主要原因可能有两点：一是年鉴数据统计的是户籍人口的就业投入（《中国城市统计年鉴》数据的调查部门为公安统计部门，其调查口径为户籍人口，并未包括外来人口），而后者则是根据实际就业人数进行汇总；二是前者的就业人口的统计标准为16~60周岁，而后者采用的标准则是16~65周岁，后一种统计口径实际上扩大了劳动力投入的衡量范围。

其次，本部分利用面板工具变量法分析了劳动力流动对劳均产出的影响。迁移劳动力对城市劳均产出具有显著的正面影响，提升了城市的劳动生产率。研究结果表明,利用人口普查和1%人口抽样调查数据调整了城市劳动力投入数据后,迁移就业人口比例每提高1%,劳均产出会提高5.837%,表明迁移劳动力比例的增加促进了城市实际劳均产出的提升,对城市的发展具有重要的贡献。

最后,本书还验证了劳动力流动作用于劳均产出的作用机制。研究结果表明,迁移劳动力相对人力资本的提高和本地市场效应的增强均能提高劳均产出。然而,迁移规模通过影响相对人力资本的分布从而弱化了相对人力资本对劳均产出的作用,但该影响低于相对人力资本外部性所带来的劳均产出提升幅度,并且迁移并没有通过本地市场效应对劳均产出产生负面影响。值得注意的是,相对人力资本和市场效应共同对劳均产出产生了负面影响,但该影响较小。这可能跟迁移劳动力的消费习惯有关,有研究表明,户籍制度的门槛会限制本地市场效应的发挥,由于迁移劳动力缺乏相应的社会保障,导致其压低消费,汇款回家,不利于城市消费市场的发展,对城市劳均产出产生了微弱的负面作用[238]78。由此看来,尽管流动劳动力通过扩大城市劳动力市场规模和相对人力资本的外部性对城市劳均城市产生了积极影响,但由于户籍制度的存在,劳动力流动通过相对人力资本和本地市场效应促进地区劳均生产率的作用被大大削弱。

第9章 结论与展望

劳动力流动是我国当前城镇化过程中出现的普遍社会现象,并且该现象将在长期内保持不变。而中国经济当前正在从二元经济体制向城乡一体化一元经济模式转型,处于产业升级和经济转型的重要关口。因此,劳动力流动对产业升级和经济的影响和作用机制成为学界和政策制定者关注的焦点,对该问题的回答关系到户籍制度改革的方向和市民化进程的快慢。本研究将产业结构升级、经济效率和劳动生产率纳入到产业升级的统一分析框架中,利用1990年、2000年和2010年人口普查微观数据、2005年和2015年1%人口普查数据匹配相应年份《中国城市统计年鉴》构建了一套中国城市流动人口数据库,并基于该数据库和相关其他统计数据从城市市辖区层面实证分析劳动力流动对城市产业升级的影响,进一步讨论其作用机制,为我国城市管理者进一步推进户籍制度改革和市民化进程提供理论依据和实证支持。本书首先回顾了改革开放以来中国劳动力流动的演变及其特征,然后利用构建的数据库考察了1990—2015年迁移劳动力对城市劳动力市场的影响;其次,进一步分析了中国城市的产业升级及其特征;最后,在包含产业结构升级、城市全要素生产率和整体劳动生产率的产业升级统一分析框架中,利用计量分析方法实证分析了1990—2015年中国迁移劳动力对产业升级的影响及作用机制。

9.1 主要研究结论

第一,从1990—2015年,中国的迁移劳动力特征已经发生显著变化。根据1990年、2000年和2010年的省级流动人口普查数据统计发现,迁移人口总量巨大,并且随时间发展呈现快速上涨趋势,主要以省内迁移为主,并且呈现向中心城市和东部地区集聚的趋势。迁移劳动力年龄分布逐渐呈现老龄化趋势;受教育水平呈现上升趋势,受教育水平较低和较高的比例较低,主要群体集中在小学和初中阶段,呈"纺锤"形分布;就业主要集中在"生产、运输设备操作人员及有关人员"上,在其他职业分类上的分布则从第一产业转移到第三产业上,并且中东部地区之间呈现不同趋势;"务工经商"是迁移人口的首要原因,改善经济条件是人口流动的最主要动力。城市市辖区的流动人口统计分析表明,1990—2015年城市的迁移就业人口比例呈现上升趋势,并且迁移人口比例较高的城市数量在不断增长,并且主要集中在东部沿海等经济发达地区。迁移劳动力的年龄呈现先上升后下降的趋势,其平均年龄总体在30岁左右;按东中西部地区城市分类,除1990年外,东部地区城市的平均劳动年龄要稍微年轻一点;按资源型和非资源型城市分类,迁移劳动力平均劳动年龄均呈现先上升后下降的趋势,但总体均稳定在28~35岁。迁移劳动力人力资本总体呈现不断提高的趋势,东中西部地区城市的平均受教育水平的变化呈现向上升后下降的趋势,总体在9~11岁;按东中西部地区城市分类,除1990年外,中部地区城市的平均受教育水平最高,东部地区次之,西部地区最低。按资源型城市和非资源型城市分类,除1990年外,非资源型城市的平均受教育水平相对较高。相关研究统计表明,1990—2010年,迁移劳动力已经成为城市劳动力市场的重要组成部分并且继续呈现提升态势,城市劳动力市场中外来劳动力比例从1990年的7.71%已经提高到2010年的39.56%,外来劳动力的受教育水平从略微低于本地劳动力受教育水平高到高于本地劳动力0.72~1.15年,平均劳动年龄比本地劳动力年轻2.62~7岁,城市劳动力市场中的迁移劳动力呈现出劳动年龄结构更年轻、人力资本水平与本地劳动力相当甚至更高的特征。

第二,劳动力流动对城市劳动力市场总体上呈现积极影响,劳动力流动有助于改善城市劳动力市场状况,主要体现在以下四个方面:首先,迁移劳动力比例的提升显著降低城市总体调查失业率,并且未对城市本地户籍人口失业率造成显著的负面影响,认为外来人口挤占本地人就业岗位的传统观念得不到证据支持。其次,尽管劳动力流动对城市本地人口劳动参与率产生负面效应,但对总体劳动参与率存在积极影响。迁移对于城市本地人口的潜在负面效应主要表现为,在劳动力市场竞争中处于不利位置的城市本地人口倾向于退出劳动力市场,而非处于失业状态。再次,劳动力流动对城市本地居民的工资水平存在积极影响,其在改善自身经济状况的同时,也显著提高了城市本地居民的工资水平,从经济福利来看迁移劳动力与本地劳动力之间呈现"互利共赢"而非"此消彼长"关系。进一步考察劳动力流动对城市居民工资率的弹性值,研究表明劳动力流动能够在中长期内提升城市本地居民工资水平。最后,劳动力流动对城市劳动力市场的工资效应相对大于就业效应。统计显示,迁移劳动力比例对城市失业率、劳动参与率的弹性系数要小于城市工资率，在人口老龄化加深、劳动力供给趋紧情况下，劳动力流动从供给角度对于城市总体就业形势的影响减弱，从需求角度对城市经济发展和劳动力市场影响增强。为了考察异质性劳动力市场中劳动力流动的影响，我们进一步把城市按照不同时期、东中西部地区和资源及非资源型类型的分类标准划分成不同类型城市，尽管回归结果略有差异，但总体结果与前面结论类似。

第三，中国的产业结构发展不同阶段呈现不同特征，产业结构变动有所波动但整体呈现产业升级趋势。改革开放以来，产业结构的总体是从非农产业向第二产业、第三产业产业转型升级，并且第三产业对经济的贡献越来越大。1990—2015年，从城市市辖区的三次产业结构变化趋势来看：首先，总体的产值和就业是呈现增长趋势，东中西城市平均GDP均呈现上涨趋势，但东部地区的增长明显高于中西部地区，在2012年以前，中部地区城市的平均GDP略微高于西部地区城市，之后，两者对调。其次，三次产业产值占比总体分布是：第二产业第一、第三产次之、第一产业排最后，并且第一、第二产业均呈现下降趋势，第三产业则呈现上涨趋势。1990—2015年，城市平均就业量呈现先上升，后下降，最后逐渐上升的趋势；分地区来看，东中西部地区城市平均就业量的变化趋势均呈现先上升后下降再上涨的趋势，但2001年后，相对于中西部地区的缓慢上升趋势，东部的平均就业量的增长趋势明显更快。对于资源型城市和非资源型城市来说，两类城市平均就业量的变化趋势跟总体的变化趋势一样，但相对于资源型城市而言，非资源型城市的平均就业量的上涨趋势明显较快。从就业结构来看，三次产业中第二产业就业占比较高，第一产业次之，第三产业最低，但随着时间的推移，第二产业和第三产业就业占比呈现波动中上升的趋势，而第一产业就业占比则越来越小；从东中西部地区城市来看：第一产业就业比重呈下降趋势，而第二产业和第三产业就业比重呈上升趋势，不同的是，第三产业的比重提升更快，第二产业则变化不大；对于资源型城市和非资源型城市而言，其三次产业就业结构的变化跟总体的趋势一致，均是第一产业就业比重逐渐下降，第二产业占比略有上升，第三产业的就业占比上升较快。

第四，劳动力流动对产业结构升级存在显著的积极影响，劳动力流动通过本地市场效应和改变地区的人力资本积累程度促进产业升级。相关实证结论如下：首先，迁移劳动力对产业结构的转变有显著的正面影响，迁移劳动力比例的提高促使经济生产从第一产业向第二产业和第三产业的转移，表明劳动力流动促进了产业结构间的升级。其次，迁移劳动力对产业的生产效率有积极影响。劳动力流动不仅对第二产业和第三产业的劳均生产率有显著的提升作用，并且该作用对第三产业的影响要远远大于第二产业；迁移劳动力占比的提高，能够显著提高第三产业内部该技术高技术行业的占比，这意味着劳动力流动对产业升级的作用不仅仅体现在促进了产业升级中产业结构从第一产业向第二产业和第三产业结构的偏移，而且还表现在劳动力流动促进了产业升级质量的提升。再次，劳动力流动能够提高二三产业的经济配置效率，使其接近最优的资源配置路径。这一发现背后的含义可能体现了中国迁移人口就业结构的一个重要转变，即迁移人口在城市劳动力市场的就业不在仅仅是集中在低端制造业和低端服务业的传统低质量就业，而是逐渐向高附加值行业转变的高质量就业，对经济中高附加值行业的拉升作用高于低附加值产业，并且能够提升产业的生产效率和资源的配置效率，这对经济结构转型具有重要的实践意义。最后，劳动力流动通过本地市场效应和改变地区的人力资本积累作用机制促进产业升级。对于一个城市来说，在地区间贸易相对成本不变的条件下，人力资本积累相对较高吸引了劳动力的进入，从而扩大城市消费市场，通过本地市场效应，能够吸引生产高附加值产品的厂商进入，同时会对低附加值产业产生挤出效应，导致产业升级；同时，劳动力流动还改变了地区的人力资本配置，高技能劳动力形成集聚，地方产业受益于资本技术溢出效应，从而提高了生产率，促使产业升级。

第五，劳动力流动促进了城市全要素生产率的提升，并验证了其作用机制可能是通过提高城市的集聚水平、利用知识和创新的外部性效应以及提高本地专业化分工对城市全要要素生产率产生了积极影响。首先，劳动力流动对城市总体全要素生产率具有显著的正面影响，提升了城市的经济效率。研究结果表明，在两种不同统计口径劳动力投入下，迁移就业人口比例每提高1%，全要素生产率会分别提高1.228%和1.533%。其次，对于非资源型城市而言，劳动力流动对TFP有显著的正面影响，但在资源型城市的作用受到抑制；并且劳动力流动对东部地区城市和西部地区城市TFP有显著的积极影响，但对中部地区的影响并不显著；另外，除了2000年，2005年、2010年和2015年不同时期劳动力流动的作用均是正向显著的，表明劳动力流动对经济效率的提升作用是稳健的。最后，劳动力流动显著促进城市的集聚水平、知识和创新的外部性效应以及本地专业化分工程度。由此看来，异质性的迁移人口加强了城市的集聚程度，多元化的文化和思想发生碰撞，提高了城市的创新能力，加深了城市的分工协作，使得城市经济发展能够从知识和创新的外部性和专业化分工中受益，迁移人口为城市经济发展提供了新动力。

第六，劳动力流动对城市劳动生产率具有显著的积极影响，迁移劳动力相对人力资本的提高和本地市场效应的增强均能提高劳均产出。首先，利用人口普查数据和1%人口抽样调查数据纠正了城市统计年鉴计算的劳动力投入，两种统计口径的劳动力投入均呈现逐年上升的趋势，发现除1990年外，第二种统计口径（人口普查和抽样调查口径）的劳动力投入均大于第一种口径（城市统计年鉴口径）的劳动力投入，第一种统计口径低估了劳动力投入（除1990年外），从而高估了由此计算的劳均产出，统计结果也表明第二种口径计算的劳均产出低于第一种口径计算的劳均产出。其次，研究表明劳动力流动对城市劳均产出具有显著的正面影响，提升了城市的劳动生产率，迁移就业人口比例每提高1%，劳均产出会提高5.837%。最后，迁移劳动力相对人力资本的提高和本地市场效应的增强均能提高劳均产出，但迁移规模的扩大弱化了相对人力资本对劳均产出的作用，劳动力流动并没有通过本地市场效应对劳均产出产生负面影响。值得注意的是，相对人力资本和市场效应共同对劳均产出产生了负面影响，但该影响较小。这可能是由于户籍制度门槛会导致迁移劳动力在城市缺乏相应的社会保障，从而压低消费抑制需求，限制迁移劳动力本地市场效应的发挥。由此看来，尽管迁移劳动力通过扩大城市劳动力市场规模和相对人力资本的外部性对城市劳均生产率产生了积极影响，但由于户籍制度的存在，劳动力流动通过相对人力资本和本地市场效应促进地区劳均产出增长的作用被大大削弱。

9.2 政策启示

上述的研究结论阐述了一个基本事实：迁移劳动力已经成为城市劳动力市场的重要组成部分并且继续呈现提升态势，并且呈现出劳动年龄结构更年轻、人力资本水平与本地劳动力相当甚至更高的特征，无论是从传统产业结构升级方面还是包含经济效率和劳动生产提升角度出发的产业升级方面，迁移劳动力均表现出显著的积极影响，并且通过人力资本集聚的效应提升了城市本地市场效应、激发城市创造创新能力、提升地区专业化程度等，对城市产业升级提供了新动力，对中国城市未来的产业升级和经济发展的方向提供了理论依据和经验证据。

由该结论引申的政策含义是明确的：

首先，在理念上和政策上有必要继续鼓励人口在更大范围内自由流动，尽早推进户籍制度改革，在更大程度上消除阻碍劳动力流动的制度和政策，使劳动力资源在全国范围内得到更有效率的配置。在当前城市经济结构转型时期，由于人口老龄化、生育率偏低，城市劳动力供给偏紧的情况下，迁移劳动力尤其是农村劳动力的补充对于城市劳动力市场的供给至关重要，因此，政府需要从城市的长远发展出发，制定相关政策鼓励劳动力要素的自由流动，为流动人口提供一个公平竞争、自由流动的全国一体化劳动力市场，从而为城市进一步发展构建良好的制度环境。

其次，需要充分发挥流动人口的本地市场需求效应，从消费端提升城市经济。在城市劳动力市场上，受限于不完全的社会保障服务，迁移劳动力普遍存在抑制消费需求的现象，影响了迁移劳动力本地市场需求效应的进一步发挥，大大削弱了迁移从消费层面对经济的促进作用。因此，需要加快推进农业转移人口市民化和公共服务均等化。进一步构建与劳动力市场协调的社会保障体系，完善以人为本的居住证制度，推进迁移人口的市民化，从政策层面上解除其后顾之忧，释放其被抑制的消费需求，从而促进地区的产业升级和发展。

最后，城市要以更加包容和开放的心态对待迁移人口，加大对流动人口的教育投入，促进人力资本积累和集聚，提升城市未来竞争力。本书的分析表明，迁移通过影响城市劳动力市场的人力资本分布，利用其专业化分工、创新等效应显著促进了城市的产业机构升级和经济效率及劳动生产率提升，而这都离不开对人力资本的教育和投资。因此，城市管理者应该从战略发展角度出发，加大对迁移人口公共教育的投入，使城市在长远的发展中享受人力资本提升带来的溢出效应和外部性，提升城市竞争力。

尽管劳动力流动对城市长远的产业升级和经济发展存在积极影响，但是劳动力流动也对城市的管理者水平提出了要求，并且可能带来财政压力。一方面，迁移不可避免地会加剧城市分化，人口净流出城市发展动力不足，大城市吸引了小城市和农村地区的人才，从而导致小城市和城镇以及农村地区人才流失，后续发展乏力，城市群体内部出现分化；从流出地来看，劳动力的流出也引起了农村和小城镇生产和产业结构的变化，农村土地流转加快，农业机械化得到较快推进，农业产业的专业化生产和规模化程度提高。但小农户如何适应这一趋势，需要相应的政策保障。另一方面，迁移人口的进入会导致社会保障等公共服务需求的激增，而这对城市政府的管理水平提出了要求，并且可能对短期内的政府财政造成压力。因此需要城市管理者需要关注潜在风险，提升管理水平，做好民生保障和社会政策兜底，充分挖掘和发

第9章 结论与展望

挥迁移人口的价值,从长期内促进城市的产业升级和经济发展。

9.3 研究不足与展望

针对劳动力流动对产业升级的影响,本研究还存在以下不足:第一,受限于数据的可获得性,2010年和2015年部分劳动力数据的统计口径属于"市区"范围而非"市辖区范围",在一定程度上影响了本书估计结果的精确性;第二,由于数据的限制,并未考虑迁移劳动力内部和不同规模城市的异质性对城市产业升级影响的差异性,而这需要进一步地讨论和挖掘;第三,本研究尽管在第三章讨论了劳动力流动产业发展的相关背景,但是实际研究中却由于缺乏可以准确捕捉政策影响的相关量化指标,缺乏对政策影响的评估,这是后续研究需要关注的地方;第四,本研究采用了工具变量解决劳动力流动和被解释变量之间的内生性问题,但受限于更好工具变量的不可得,本研究基本上都是选用滞后一期的劳动力流动数据和到交通枢纽的铁路距离作为劳动力流动的工具变量。虽然这种构造工具变量的做法在已有的研究中有所体现,但其是否很好地满足了外生性条件,仍值得进一步探讨。另外,受限于数据可获得性,本研究尚未得到2020年人口普查的最新数据,研究时效性略有滞后。但由于本研究着眼于最近30年来劳动力流动对城市产业经济结构的影响内在机制的探索,并不影响结论的正确性。后续如有机会,会进一步利用最新数据进行补充验证。

除了在在上述几个方面进一步完善本书的研究外,后续研究还可以从以下两个角度展开:一是劳动力流动对城市财政影响的视角。迁移劳动力对城市的影响不仅体现在对城市的产业升级和经济发展有积极作用,其对城市财政也必然存在影响,但该影响的程度和方向还有进一步分析。二是劳动力流动对农业生产影响的视角。本研究主要关注劳动力流动对城市中二三产业结构升级的影响,而劳动力流动的主体是"乡村-城市"间的迁移劳动力,劳动力流动必然也会对农业生产过程中的要素配置和技术进步产生影响,本书缺乏该视角的考察,这一点还有待于进一步研究。

参考文献

[1] 都阳，蔡昉，等．延续中国奇迹：从户籍制度改革中收获红利[J]．经济研究，2014（08）：4-13．

[2] 蔡昉．中国经济增长如何转向全要素生产率驱动型[J]．中国社会科学，2013（01）：56-71．

[3] AIYAR S S, DUVAL R, et al. Growth Slowdowns and the Middle-Income Trap [R]. Washington：IMF, 2013.

[4] 蔡昉，王德文．中国经济增长可持续性与劳动贡献．经济研究，1999（10）：62-68．

[5] 蔡昉．农业劳动力转移潜力耗尽了吗？[J]．中国农村经济，2018（09）：2-13．

[6] PORTER M E. The Competitive Advantage of Nations. New York, the Free Press [J]. Competitive Intelligence Review, 1990 (1): 427.

[7] GEREFFI G. International Trade and Industrial Upgrading in the Apparel Commodity Chain [J]. Journal of International Economics, 1999 (1): 37-70.

[8] KAPLINSKY R, READMAN J. Integrating Smes in Global Value Chains: Towards Partnership for Development [R]. Vienna: UNIDO-United Nations Industrial Development Organization, 2001.

[9] HUMPHREY J, SCHMITZ H. How Does Insertion in Global Value Chains Affect Upgrading in Industrial Clusters? [J]. Regional Studies, 2010 (9): 1017-1027.

[10] POON S C. Beyond the Global Production Networks: A Case of Further Upgrading of Taiwans Information Technology Industry [J]. International Journal of Technology & Globalisation, 2004 (1): 130-144.

[11] ERNST D. Catching-Up Crisis and Industrial Upgrading: Evolutionary Aspects of Technological Learning in Korea's Electronics Industry [J].

Asia Pacific Journal of Management, 1998 (2): 247-283.

[12] ERNST D. Inter – Organizational Knowledge Outsourcing: What Permits Small Taiwanese Firms to Compete in the Computer Industry? [J]. Asia Pacific Journal of Management, 2000 (2): 223-255.

[13] ERNST, D. Innovation Offshoring: Asia's Emerging Role in Global Innovation Networks [M/OL]. Social Science Electronic Publishing, 2006. http://holl, handle.net/1d25/1253/.

[14] 石东平, 夏华龙. 国际产业转移与发展中国家产业升级 [J]. 亚太经济, 1998 (10): 5-9.

[15] 刘志彪. 产业升级的发展效应及其动因分析 [J]. 南京师大学报 (社会科学版), 2000 (2): 3-10.

[16] 潘悦. 在全球化产业链条中加速升级换代——我国加工贸易的产业升级状况分析 [J]. 中国工业经济, 2002 (6): 27-36.

[17] 马云俊. 产业转移、全球价值链与产业升级研究 [J]. 技术经济与管理研究, 2010 (04): 139-143.

[18] 张耀辉. 产业创新: 新经济下的产业升级模式 [J]. 数量经济技术经济研究, 2002 (1): 14-17.

[19] 唐东波. 贸易开放、垂直专业化分工与产业升级 [J]. 世界经济, 2013 (04): 47-68.

[20] 张向阳, 朱有为, 孙津. 嵌入全球价值链与产业升级——以苏州和温州两地为例 [J]. 国际贸易问题, 2005 (4): 63-68.

[21] 孙文远. 产品内价值链分工视角下的产业升级 [J]. 管理世界, 2006 (10): 156-157.

[22] 张少军, 刘志彪. 全球价值链模式的产业转移——动力、影响与对中国产业升级和区域协调发展的启示 [J]. 中国工业经济, 2009 (11): 5-15.

[23] LEWIS W A. Economic Development with Unlimited Supplies of Labour [M]. Blackwell Publishing Ltd, 1954 (22): 139-191.

[24] FBI J C H., Ranis, G. Development of the Labor Surplus Economy: Theory and Policy [J]. The Economic Journal, 1964 (77): 306.

[25] AKAMATSU K A Historical Pattern of Economic Growth in Developing Countries [J]. Developing Economies, 1962 (S1): 3-25.

[26] 蔡昉,王德文,曲玥.中国产业升级的大国雁阵模型分析[J].经济研究,2009(9):4-14.

[27] ROSTOW W W. The Stages of Economic Growth[J]. Economic History Review,1959(1):1-16.

[28] HOFFMANN B. Projective Relativity and the Quantum Field[M]. [S. L. s. n. J],1931.

[29] FISHER A G B. Production, Primary, Secondary and Tertiary[J]. Economic Record,1939(1):24-38.

[30] CLARK C. The Conditions of Economic Progress[J]. Revue Economique,1957(6):940.

[31] KUZNETS S. Modern Economic Growth:Findings and Reflections[J]. American Economic Review,1973(3):247-258.

[32] 赵伟,江东.ODI与中国产业升级:机理分析与尝试性实证[J].浙江大学学报:人文社会科学版,2010(3):116-125.

[33] 刘艳军,李诚固,等.东北地区产业结构演变的城市化响应:过程、机制与趋势[J].经济地理,2007(3):433-437.

[34] 赵玉林,张钟方.高技术产业发展对产业结构优化升级作用的实证分析[J].科研管理,2008(3):35-42.

[35] 王春晖.产业集聚、要素积累与地区产业升级:区域开放视角的机理与实证[D].浙江大学博士学位论文,2015.

[36] CICCONE A,HALL R E. Productivity and the Density of Economic Activity[J]. American Economic Review,1995(1):54-70.

[37] BARRO R J,MANKIW N G. Capital Mobility in Neoclassical Models of Growth[R]. Cambridge:Harvard-Institute of Econornic Research,1992:30.

[38] 梁琦,詹亦军.地方专业化、技术进步和产业升级:来自长三角的证据[J].经济理论与经济管理,2006(1):56-62.

[39] GIULIANI E,PIETROBELLI C,RABELLOTTI R. Upgrading in Global Value Chains:Lessons From Latin American Clusters[J]. World Development,2004(4):549-573.

[40] 贾卫丽,李普亮.政府民生支出是否促进了产业结构升级?——基于产业规模和劳动生产率双重维度的实证检验[J].地方财政研究,2017(05):50-59.

[41] CICCONE A, PERI G. Identifying Human Capital Externalities: Theory with Applications [R]. Barcelona: Barcelona sohool of Economics, 2002.

[42] JENSEN C. Foreign Direct Investment, Industrial Restructuring and the Upgrading of Polish Exports [J]. Applied Economics, 2002 (2): 207-217.

[43] 马涛, 李鹏雁, 马文东. 新型工业化的区域产业结构优化升级测度指标体系研究 [J]. 燕山大学学报, 2004 (3): 273-278.

[44] 邬义钧. 我国产业结构优化升级的目标和效益评价方法 [J]. 中南财经政法大学学报, 2006 (6): 73-77.

[45] SCHMITZ H. Collective Efficiency and Increasing Returns [J]. Cambridge Journal of Economics, 1999 (4): 465-483.

[46] BAIR J, GEREFFI G. Local Clusters in Global Chains: The Causes and Consequences of Export Dynamism in Torreon's Blue Jeans Industry [J]. World Development, 2001 (11): 1885-1903.

[47] GUERRIERI P, PIETROBELLI C. Industrial Districts' Evolution and Technological Regimes: Italy and Taiwan [J]. Technovation, 2004 (11): 899-914.

[48] SCHMITZ H. How Does Upgrading in Global Value Chains Affect Upgrading in Industrial Clusters [J]. Regional Studies, 2002 (9): 1017-1027.

[49] GIULIANI E, PIETROBELLI C, RABELLOTTI R. Upgrading in Global Value Chains: Lessons From Latin American Clusters [J]. World Development, 2005 (4): 549-573.

[50] 方甲. 论产业间资源有效配置——对实现经济增长方式转变的一个基础理论问题的探讨 [J]. 中国人民大学学报, 1996 (02): 1-7.

[51] 靖学青. 产业结构高级化与经济增长——对长三角地区的实证分析 [J]. 南通大学学报: 社会科学版, 2005 (3): 45-49.

[52] 武晓霞. 省际产业结构升级的异质性及影响因素——基于1998—2010年28个省区的空间面板计量分析 [J]. 经济经纬, 2014 (1): 90-95.

[53] 程如轩, 卢二坡. 产业结构优化升级统计指标体系初探 [J]. 中

国统计, 2001 (7): 18.

[54] 马涛, 李鹏雁. DEA 模型的新型工业化能力评价 [J]. 哈尔滨工业大学学报, 2009 (2): 172-175.

[55] GEREFFI G. Beyond the Producer-Driven/Buyer-Driven Dichotomy the Evolution of Global Value Chains in the Internet Era [J]. Ids Bulletin, 2009 (3): 30-40.

[56] LEONTIEF W W. Quantitative Input-Output Relations in the Economic System of the United States [J]. Review of Economics & Statistics, 1936 (3): 105-125.

[57] CHENERY H B, SYRQUIN M. Patterns of Development, 1950-1970 [J]. African Economic History, 1975 (2): 56-58.

[58] KOJIMA K. The "Flying Geese" Model of Asian Economic Development: Origin, Theoretical Extensions, and Regional Policy Implications [J]. Journal of Asian Economics, 2000 (4): 375-401.

[59] 刘似臣. 我国加工贸易的产业升级效应研究 [J]. 统计研究, 2005 (2): 31-34.

[60] 张明志, 李敏. 国际垂直专业化分工下的中国制造业产业升级及实证分析 [J]. 国际贸易问题, 2011 (01): 118-128.

[61] BECKER G S, MURPHY K M, TAMURA R. Human Capital, Fertility, and Economic Growth [J]. Journal of Political Economy, 1990 (5): 323-350.

[62] FUJITA M, THISSE J F. Does Geographical Agglomeration Foster Economic Growth? And Who Gains and Loses From It? [J]. Japanese Economic Review, 2003 (2): 121-145.

[63] LIMAM Y R, MILLER S M. Explaining Economic Growth: Factor Accumulation, Total Factor Productivity Growth, and Production Efficiency Improvement [R]. Connectint: University of Connectiut, 2004: 1-41.

[64] 徐佳宾. 产业升级中的中国劳动成本优势 [J]. 经济理论与经济管理, 2005 (2): 23-28.

[65] 张其仔. 比较优势的演化与中国产业升级路径的选择 [J]. 中国工业经济, 2008 (9): 58-68.

[66] BARNARD H. Do Firms From Emerging Markets Have to Invest A-

broad? Outward Fdi and the Competitiveness of Firms [J]. Rise of Transnational Corporations from Emerging Markets, 2008 (41): 55-85.

[67] DUNNING, J H, VAN H R, NARULA R. Explaining the "New" Wave of Outward Fdi From Developing Coountries: The Case of Taiwan and Korea [R]. New York: United Nations, 1996.

[68] 李逢春. 对外直接投资的母国产业升级效应——来自中国省际面板的实证研究 [J]. 国际贸易问题, 2012 (06): 124-134.

[69] 杨建清, 周志林. 我国对外直接投资对国内产业升级影响的实证分析 [J]. 经济地理, 2013 (04): 120-124.

[70] OZAWA T. Japan in a New Phase of Multinationalism and Industrial Upgrading-Functional-Integration of Trade, Growth and Fdi [J]. Journal of World Trade, 1991 (1): 43-60.

[71] SINANI E, MEYER K E. Spillovers of Technology Transfer From Fdi: The Case of Estonia. Journal of Comparative Economics, 2004 (32): 445-466.

[72] 任妍. Fdi 对中国产业结构升级影响的实证分析 [D]. 吉林: 吉林大学, 2007.

[73] 蒋昭乙. 竞争政策 FDI 和产业升级——基于可贸易产品的实证分析 [J]. 世界经济与政治论坛, 2010 (6): 47-58.

[74] 刘世锦. 为产业升级和发展创造有利的金融环境 [J]. 上海金融, 1996 (4): 3-4.

[75] 钱水土, 周永涛. 金融发展、技术进步与产业升级 [J]. 统计研究, 2011 (1): 68-74.

[76] ERGAS H. Why Do some Countries Innovate More than Others? [J/OL]. SSRN Electronic Journal, 1984 (1). http://10.2139/ssrn.1430184

[77] ERGAS H. Does Technology Policy Matter? [J/OL]. SSRN Electronic Journal, 1987 (1). http://10.2139/ssrn.1428246

[78] LALL S. Industrial Policy: The Role of Government in Promoting Industrial and Technological Development [R]. Unctad Review, 1994.

[79] MATHEWS J A, CHO T S. Tiger Technology: The Creation of a Semiconductor Industry in East Asia [J]. Journal of Asian Studies,

2002 (1): 426-427.

[80] PICKLES J, SMITH A, et al. Upgrading, Changing Competitive Pressures and Diverse Practices in the East and Central European Apparel Industry [J]. Environment & Planning A, 2006 (12): 2305-2324.

[81] DIETER E, LINSU K. Global Production Networks, Knowledge Diffusion, and Local Capability Formation [J]. Research Policy, 2002 (8-9): 1417-1429.

[82] BEEBOUT H, SCHULTZ T W. Investment in Human Capital [J]. American Journal of Agricultural Economics, 1961 (0): 132.

[83] MINCER J. Investment in Human Capital and Personal Income Distribution Author [S]. Journal of Political Economy, 1958 (4): 281.

[84] BECKER G S. Investment in Human Capital: A Theoretical Analysis [M]. Chicago: The University of Chicago Press, 1962.

[85] ROMER P M. Human Capital and Growth: Theory and Evidence [J]. Paul Romer, 1990 (1): 251-286.

[86] ROMER P M. Increasing Returns and Long-Run Growth [J]. Journal of Political Economy, 1986 (5): 1002-1037.

[87] LUCAS R E. On the Mechanics of Economic Development [J]. Journal of monetary economics, 1988 (1): 3-42.

[88] DENISON E F. United States Economic Growth [J]. Journal of Business, 1962 (2): 109-121.

[89] KRUGMANN P. Increasing Returns and Economic Geography [J]. Journal of Political Economy, 1991 (3): 483-499.

[90] HELPMAN E, ITSKHOKI O, REDDING S J. Wages, Unemployment and Inequality with Heterogeneous Firms and Workers [J]. Social Science Electronic Publishing, 2008 (4): 1239-1283.

[91] MARTIN P, ROGERS C A. Industrial Location and Public Infrastructure [J]. Journal of International Economics, 1994 (3-4): 335-351.

[92] TABUCHI T, THISSE J F. Taste Heterogeneity, Labor Mobility and Economic Geography [J]. Journal of Development Economics, 2001 (1): 155-177.

参考文献

[93] FORSLID R, OTTAVIANO G I P. An Analytically Solvable Core-Periphery Model [J]. Journal of Economic Geography, 2003 (3): 229-240.

[94] MELITZ M J, OTTAVIANO G I P. Market Size, Trade, and Productivity [J]. Review of Economic Studies, 2008 (1): 295-316.

[95] 赵伟, 李芬. 异质性劳动力流动与区域收入差距: 新经济地理学模型的扩展分析 [J]. 中国人口科学, 2007 (01): 27-35.

[96] 张文武. 集聚与扩散: 异质性劳动力和多样化贸易成本的空间经济效应 [J]. 财经研究, 2012 (7): 15-26.

[97] OTTAVIANO G I P, THISSE J F. Integration, Agglomeration and the Political Economics of Factor Mobility [J]. Journal of Public Economics, 1999 (3): 429-456.

[98] FORSLID R. Agglomeration with Human and Physical Capital: An Analytically Solvable Case [EB/OL]. http://EconPapers.repec.org/RePEc: cpr: ceprdp: 2102, 1999: 1-15.

[99] BALDWIN R E, MARTIN P. Agglomeration and Regional Growth [J]. Social Science Electronic Publishing, 2003 (04): 2671-2711.

[100] 李中, 周勤. 劳动地理集中与地区收入差距——基于自由企业家模型的扩展分析 [J]. 中国经济问题, 2012 (05): 37-44.

[101] 刘桂芝, 张肃. 东北地区产业结构演进中的人力资本效应 [J]. 经济问题探索, 2004 (6): 90-95.

[102] 冯珊. 人口增长与经济发展仿真模型 Dem-Cem [J]. 华中科技大学学报 (自然科学版), 1987 (4): 11-20.

[103] 张少红. 论区域人力资本与产业结构调整 [J]. 东岳论丛, 2004 (2): 170-173.

[104] 李福柱, 李忠双. 我国人力资本产业配置结构变动与调控研究 [J]. 科学管理研究, 2008 (02): 80-83.

[105] 侯亚非, 王金营. 人力资本与经济增长方式转变 [J]. 人口研究, 2001 (3): 13-19.

[106] 尹江川. 我国人力资本现状及影响分析 [J]. 农村经济, 2001 (5): 11-12.

[107] 刘军. 我国产业结构现状与人力资本配置关系实证研究 [C].

第 8 届全国青年管理科学与系统科学学术会议. 中国南京, 2005.

[108] ROTEMBERG J J, SALONER G. Competition and Human Capital Accumulation: A Theory of Interregional Specialization and Trade [J]. Regional Science & Urban Economics, 1990 (4): 373-404.

[109] SIMON C J. Human Capital and Metropolitan Employment Growth [J]. Journal of Urban Economics, 1998 (2): 223-243.

[110] BALDWIN R E, MARTIN P. Agglomeration and Regional Growth [J]. Social Science Electronic Publishing, 2003 (04): 2671-2711.

[111] BENHABIB J, SPIEGEL M M. The Role of Human Capital in Economic Development: Evidence From Aggregate Cross-Country and Regional U. S. Data [J]. Journal of Monetary Economics, 1994 (2): 143-173.

[112] WANG Y, YAO Y. Sources of China's Economic Growth 1952-1999: Incorporating Human Capital Accumulation [J]. China Economic Review, 2003 (1): 32-52.

[113] WALZ U. Innovation, Foreign Direct Investment and Growth [J]. Economica, 1997 (253): 63-79.

[114] GENNAIOLI N, PORTA L A, et al. Growth in Regions [J]. J Econ Growth, 2014 (19): 209-259.

[115] ROSENTHAL S S, STRANGE W C. The Attenuation of Human Capital Spillovers [J]. Social Science Electronic Publishing, 2008 (2): 373-389.

[116] 陈得文, 苗建军. 人力资本集聚、空间溢出与区域经济增长——基于空间过滤模型分析 [J]. 产业经济研究, 2012 (4): 54-62.

[117] 刘学军, 赵耀辉. 劳动力流动对城市劳动力市场的影响 [J]. 经济学 (季刊), 2009 (02): 693-710.

[118] BORJAS G J. The Economics of Immigration [J]. Journal of Economic Literature, 1994 (32): 1667-1717.

[119] BORJAS G J, FREEMAN R B, KATZ L F. How Much Do Immi-

gration and Trade Affect Labor Market Outcomes? [J]. Brookings Papers on Economic Activity, 1997 (1): 1.

[120] BORJAS G J. The Labor Demand Curve is Downward Sloping: Reexamining the Impact of Immigration On the Labor Market [J]. The Quarterly Journal of Economics, 2003 (4): 1335-1374.

[121] BORJAS G J, KATZ L F. The Evolution of the Mexican-Born Workforce in the United States [R]. George J B, Mexican Immigration to the United States. Chicago: University of Chicago Press, 2005.

[122] BORJAS G J. Native Internal Migration and the Labor Market Impact of Immigration [J]. Journal of Human Resources, 2005 (2): 221-258.

[123] GROSSMAN J B. The Substitutability of Natives and Immigrants in Production [J]. Review of Economics & Statistics, 1982 (4): 596-603.

[124] BORJAS G J, FREEMAN R B, KATZ L F. Searching for the Effect of Immigration On the Labor Market [J]. The American Economic Review, 1996 (2): 246-251.

[125] ALTONJI J G, CARD D. The Effects of Immigration On the Labor Market Outcomes of Natives [J]. National Bureau of Economic Research, 1989: 201-234.

[126] CARD D. Immigrant Inflows, Native Outflows, and the Local Labor Market Impacts of Higher Immigration [J]. Journal of Labor Economics, 2001 (1): 22-64.

[127] FRIEDBERG R M, HUNT J. The Impact of Immigrants On Host Country Wages, Employment and Growth [J]. Journal of Economic Perspectives, 1995 (9): 23-44.

[128] FRIEDBERG R M. The Impact of Mass Migration On the Israeli Labor Market [J]. Quarterly Journal of Economics, 2001 (4): 1373-1408.

[129] OTTAVIANO G I P, PERI G. Rethinking the Effects of Immigration On Wages [J]. Social Science Electronic Publishing, 2007 (1): 152-197.

[130] PERI G, SPARBER C. Task Specialization, Immigration, and

Wages [J]. American Economic Journal Applied Economics, 2009 (3): 135-169.

[131] ORTEGA F, PERI G. The Causes and Effects of International Migrations: Evidence From Oecd Countries 1980-2005 [J]. Working papers: University of California, Department of Economics, 2009 (9): 6.

[132] 黄春燕. 城乡劳动力关系: 互补还是替代？——基于城镇单位行业间就业的分析 [J]. 农村经济, 2011 (2): 111-115.

[133] 杨云彦, 陈金永, 刘塔. 外来劳动力对城市本地劳动力市场的影响——"武汉调查"的基本框架与主要发现 [J]. 中国人口科学, 2001 (2): 52-58.

[134] 何雄, 黄瑞芹. 外来劳动力对城镇就业替代差异分析——以湖北省不同规模等级城市为例 [J]. 西北人口, 2005 (6): 15-17.

[135] 张兴华. 农民工对城镇劳动力的替代性研究 [J]. 中国农村经济, 2005 (4): 11-16.

[136] 颜品, 原新. 外来劳动力挤占了本地居民的就业机会吗? [J]. 财经研究, 2017 (1): 51-62.

[137] 吴鹏森. 向下挤压还是向上提升——城市失业下岗职工与进城民工就业替代关系的理论分析 [J]. 探索与争鸣, 2007 (4): 34-38.

[138] 王桂新, 张得志. 上海外来人口生存状态与社会融合研究 [J]. 人口与发展, 2006 (5): 1-12.

[139] 黄宁阳, 汪晓银. 农村劳动力进城务工与城镇失业关系研究 [J]. 农业技术经济, 2009 (6): 4-9.

[140] 钟笑寒. 劳动力流动与工资差异 [J]. 中国社会科学, 2006 (01): 34-46.

[141] 潘素昆, 袁然. 不同投资动机 Ofdi 促进产业升级的理论与实证研究 [J]. 经济学家, 2014 (09): 69-76.

[142] CAI H, LIU Q. Competition and Corporate Tax Avoidance: Evidence From Chinese Industrial Firms [J]. The Economic Journal, 2009 (537): 764-795.

[143] AGHION P, CAI J, et al. Industrial Policy and Competition [J].

American Economic Journal: Macroeconomics, 2015 (4): 1-32.

[144] ALDER S, SHAO L, ZILIBOTTI F. Economic Reforms and Industrial Policy in a Panel of Chinese Cities [J]. Journal of Economic Growth, 2016 (4): 305-349.

[145] DUMAIS S T, LETSCHE T A, et al. Automatic Cross-Language Retrieval Using Latent Semantic Indexing [R]. Aaai Symposium on Crosslanguage Text & Speech Retrieval, 1997: 51-62.

[146] HANSON G H. The Rybczynski Theorem, Factor-Price Equalization, and Immigration [R]. Michigan: The University of Michigan, 1999.

[147] 樊士德, 姜德波. 劳动力流动与地区经济增长差距研究 [J]. 中国人口科学, 2011 (02): 27-38.

[148] 潘越, 杜小敏. 劳动力流动、工业化进程与区域经济增长——基于非参数可加模型的实证研究 [J]. 数量经济技术经济研究, 2010 (05): 34-48.

[149] 高波, 陈健, 邹琳华. 区域房价差异、劳动力流动与产业升级 [J]. 经济研究, 2012 (1): 66-79.

[150] 刘新争. 比较优势、劳动力流动与产业转移 [J]. 经济学家, 2012 (02): 45-50.

[151] 樊士德, 姜德波. 劳动力流动、产业转移与区域协调发展——基于文献研究的视角 [J]. 产业经济研究, 2014 (04): 103-110.

[152] 郭文杰, 李泽红. 劳动力流动、服务业增长与经济结构转换——基于中国省际面板数据的实证研究 [J]. 数量经济技术经济研究, 2009 (11): 51-62.

[153] 肖智, 张杰, 郑征征. 劳动力流动与第三产业的内生性研究——基于新经济地理的实证分析 [J]. 人口研究, 2012 (02): 97-105.

[154] 曹芳芳, 黄东, 等. 小麦收获损失及其主要影响因素——基于1135户小麦种植户的实证分析 [J]. 中国农村观察, 2018 (02): 75-87.

[155] 曹芳芳, 朱俊峰, 等. 中国小麦收获环节损失有多高? ——基于4省5地的实验调研 [J]. 干旱区资源与环境, 2018 (07):

7-14.

[156] 朱丽莉. 农村劳动力流动、要素结构变动与农业生产效率研究 [D]. 南京农业大学, 2013.

[157] 曹芳芳, 黄东, 武拉平. 农民工家庭化流动和土地流转的联合决策分析——基于全国2781份农民工的调查数据 [J]. 农村经济, 2018（03）: 37-44.

[158] 张永丽, 王宝文. 农村劳动力流动对农业发展的影响——基于超越对数生产函数 [J]. 经济与管理, 2012（04）: 42-45.

[159] 钟甫宁, 陆五一, 徐志刚. 农村劳动力外出务工不利于粮食生产吗？——对农户要素替代与种植结构调整行为及约束条件的解析 [J]. 中国农村经济, 2016（07）: 36-47.

[160] AUDRETSCH D B, FELDMAN M P. R&D Spillovers and the Geography of Innovation and Production [J]. American Economic Review, 1996（3）: 630-640.

[161] KRUGMAN P. Space: The Final Frontier [J]. Journal of Economic Perspectives, 1998（2）: 161-174.

[162] OVERMAN H G, RICE P, VENABLES A J. Economic Linkages Across Space [J]. Regional Studies, 2010（1）: 17-33.

[163] PERI G. The Effect of Immigration On Productivity: Evidence From U.S. States [J]. Review of Economics & Statistics, 2009（15507）: 265-275.

[164] PERI G. The Effect of Immigration On Productivity: Evidence From U.S. States [J]. Review of Economics and Statistics, 2012（1）: 348-358.

[165] Congressionl Budget Office. The Economic Impact of S.744, the Border Security, Economic Opportunity, and Immigration Modernization Act [EB/OL]. [2013-06-18] https://www.cbo.gov/publication/44346.

[166] LEWIS E G. Immigration, Skill Mix, and the Choice of Technique [J]. SSRN Electronic Journal, 2005（5-04）: 18-34.

[167] 格莱泽·爱德华. 城市的胜利 [M]. 上海: 上海社会科学院出版社, 2012.

[168] AKCIGIT U, GRIGSBY J, NICHOLAS T. The Rise of American

Ingenuity: Innovation and Inventors of the Golden Age [R]. Boston: Hartard Business school, 2017.

[169] COMBES P, DEMURGER S, LI S. Urbanisation and Migration Externalities in China [R]. Aix: Aix - Marseille School of Economics, 2013.

[170] PALMA G, PRADO H, REYES E G. Immigration and National Wages: Clarifying the Theory and the Empirics [J]. Social Science Electronic Publishing, 2008 (25): 1741.

[171] 梁文泉, 陆铭. 城市人力资本的分化: 探索不同技能劳动者的互补和空间集聚 [J]. 经济社会体制比较, 2015 (3): 185-197.

[172] 黄翔, 敖荣军. 基于技能互补性的劳动力迁移与人力资本地区集中 [J]. 经济地理, 2009 (3): 456-460.

[173] MOSES J W, LETNES B. The Economic Costs to International Labor Restrictions: Revisiting the Empirical Discussion [J]. World Development, 2004 (10): 1609-1626.

[174] WALMSLEY T L, WINTERS L A. Relaxing the Restrictions On the Temporary Movement of Natural Persons: A Simulation Analysis [J]. Social Science Electronic Publishing, 2005 (4): 688-726.

[175] CLEMENS M A. Economics and Emigration: Trillion - Dollar Bills On the Sidewalk? [J]. Journal of Economic Perspectives, 2011 (3): 83-106.

[176] MANKIW N G, ROMER D H, WEIL D N. A Contribution to the Empirics of Economic Growth [J]. Quarterly Journal of Economics, 1992 (2): 407-437.

[177] DOLADO J, GORIA A, ICHINO A. Immigration, Human Capital and Growth in the Host Country [J]. Journal of Population Economics, 1994 (2): 193-215.

[178] BOUBTANE E, COULIBALY D, RAULT C. Immigration, Growth and Unemployment: Panel Var Evidence From Oecd Countries [J]. Labour, 2013 (4): 399-420.

[179] LUNDBORG P, SEGERSTROM P S. International Migration and Growth in Developed Countries: A Theoretical Analysis [J]. Eco-

nomica, 2000 (268): 579-604.

[180] LUNDBORG P, SEGERSTROM P S. The Growth and Welfare Effects of International Mass Migration [J]. Journal of International Economics, 2002 (1): 177-204.

[181] CICCONE A, PERI G. Identifying Human – Capital Externalities: Theory with Applications [J]. The Review of Economic Studies, 2006 (2): 381-412.

[182] HUNT J, GAUTHIERLOISELLE M. How Much Does Immigration Boost Innovation [J]. American Economic Journal: Macroeconomics, 2010 (2): 31-56.

[183] BRETSCHGER L. Labor Supply, Migration, and Long-Term Development [J]. Open Economies Review, 2001 (1): 5-27.

[184] WALZ U. Growth (Rate) Effects of Migration. University of Tübingen, School of Business and Economics, 1995.

[185] ROBERTSON P E. Demographic Shocks and Human Capital Accumulation in the Uzawa-Lucas Model [J]. Economics Letters, 2002 (2): 151-156.

[186] 宋洪远, 黄华波, 刘光明. 关于农村劳动力流动的政策问题分析 [J]. 管理世界, 2002 (05): 55-65.

[187] 白南生, 宋洪遠. 回乡, 还是进城?: 中国农村外出劳动力回流研究 [M]. 北京: 中国财政经济出版社, 2002.

[188] MULLIGAN C B, SALA-I-MARTIN X. A Labor Income-Based Measure of the Value of Human Capital: An Application to the States of the United States [J]. Japan & the World Economy, 1994 (2): 159-191.

[189] VITTADINI G, LOVAGLIO P G. Evaluation of the Dagum-Slottje Method to Estimate Household Human Capital [J]. Structural Change and Economic Dynamics, 2007 (2): 270-278.

[190] DAGUM C, SLOTTJE D J. A New Method to Estimate the Level and Distribution of Household Human Capital with Application [J]. Structural Change & Economic Dynamics, 2000 (1-2): 67-94.

[191] JEONG B. Measurement of Human Capital Input Across Countries: A Method Based On the Laborer's Income [J]. Journal of Devel-

opment Economics, 2002 (2): 333-349.

[192] KYRIACOU G. Level and Growth Effects of Human Capital: A Cross - Country Study of the Convergence Hypothesis [R]. C. V. Starr Center for Applied Economics, New York University., 1991.

[193] BARRO R J, LEE J W. International Comparisons of Educational Attainment [J]. Journal of Monetary Economics, 1993 (3): 363-394.

[194] KENDRICK J W. Total Capital and Economic Growth [J]. Atlantic Economic Journal, 1994 (1): 1-18.

[195] MULLIGAN C B, SALA - I - MARTIN X. Measuring Aggregate Human Capital [J]. Journal of Economic Growth, 1995 (3): 215-252.

[196] BENHABIB J, SPIEGEL M M. The Role of Financial Development in Growth and Investment [J]. Journal of Economic Growth, 2000 (4): 341-360.

[197] EASTERLY W, KING R G, et al. Policy, Technology Adoption, and Growth [J]. Cepr Discussion Papers, 1994.

[198] PSACHAROPOULOS G, ARRIAGADA A M. The Educational Composition of the Labour Force: An International Comparison [J]. International Labour Review, 1986 (5): 561-574.

[199] LEVINE R E, RENELT D. "A Sensitive Analysis of Cross-Country Growth Regressions" [J]. American Economic Review, 1992 (4): 942-963.

[200] 赵伟, 李芬. 异质性劳动力流动与区域收入差距: 新经济地理学模型的扩展分析 [J]. 中国人口科学, 2007 (01): 27-35.

[201] TAO H L, STINSON T F. An Alternative Measure of the Human Capital Stock [R]. University of Minnesota, Economic Derelopment Center, 1997.

[202] 刘学军, 赵耀辉. 劳动力流动对城市劳动力市场的影响 [J]. 经济学: 季刊, 2009 (2): 693-710.

[203] BORJAS G J. The Labor Demand Curve is Downward Sloping: Re-examining the Impact of Immigration On the Labor Market [J].

[204] 许宪春. 如何正确使用政府统计数据 [J]. 经济学报, 2017 (3): 1-17.

[205] 沈坤荣, 余吉祥. 农村劳动力流动对中国城镇居民收入的影响——基于市场化进程中城乡劳动力分工视角的研究 [J]. 管理世界, 2011 (3): 58-65.

[206] AUTY R. Sustaining Development in Mineral Economies [M]. London: Routledge, 1993: 1-288.

[207] 姚予龙, 周洪, 谷树忠. 中国资源诅咒的区域差异及其驱动力剖析 [J]. 资源科学, 2011 (01): 18-24.

[208] 陆旸, 蔡昉. 从人口红利到改革红利: 基于中国潜在增长率的模拟 [J]. 世界经济, 2016 (1): 3-23.

[209] 黄群慧. 中国产业政策的根本特征与未来走向 [J]. 探索与争鸣, 2017 (01): 38-41.

[210] 黄群慧. 改革开放40年中国的产业发展与工业化进程 [J]. 中国工业经济, 2018 (09): 5-23.

[211] HODLER R. The Curse of Natural Resources in Fractionalized Countries [J]. European Economic Review, 2006 (6): 1367-1386.

[212] 鲁奇, 王国霞, 等. 流动人口分布与区域经济发展关系若干解释 (1990、2000) [J]. 地理研究, 2006 (05): 765-774.

[213] DIXIT A K, STIGLITZ J E. Monopolistic Competition and Optimum Product Diversity: Reply [J]. American Economic Review, 1977 (3): 297-308.

[214] 徐敏, 姜勇. 中国产业结构升级能缩小城乡消费差距吗? [J]. 数量经济技术经济研究, 2015 (03): 3-21.

[215] 蔡昉, 都阳, 等. 劳动经济学: 理论与中国现实 [M]. 北京: 北京师范大学出版社, 2009.

[216] 蔡昉. 以农民工市民化推进城镇化 [J]. 经济研究, 2013 (3): 6-8.

[217] SOLOW R M. A Contribution to the Theory of Economic Growth [J]. Quarterly Journal of Economics, 1956 (1): 65-94.

[218] ABRAMOVITZ M. Resource and Output Trends in the United States Since 1870 [J]. American Economic Review, 1956 (2): 5-23.

[219] 樊纲, 王小鲁, 马光荣. 中国市场化进程对经济增长的贡献 [J]. 经济研究, 2011 (9): 4-16.

[220] 王小鲁. 中国经济增长的可持续性与制度变革 [J]. 经济研究, 2000 (7): 3-15.

[221] CHOW G C. Capital Formation and Economic Growth in China [J]. Quarterly Journal of Economics, 1993 (3): 809-842.

[222] 张军, 章元. 对中国资本存量 K 的再估计 [J]. 经济研究, 2003 (7): 35-43.

[223] PERKINS D H. Reforming China's Economic System [J]. Journal of Economic Literature, 1988 (2): 601-645.

[224] 王小鲁, 樊纲. 中国经济增长的可持续性: 跨世纪的回顾与展望 [M]. 北京: 经济科学出版社, 2000.

[225] 岳书敬, 刘朝明. 人力资本与区域全要素生产率分析 [J]. 经济研究, 2006 (04): 90-96.

[226] YOUNG A. Gold Into Base Metals: Productivity Growth in the People'S Republic of China During the Reform Period [J]. Journal of Political Economy, 2003 (6): 1220-1260.

[227] 龚六堂, 谢丹阳. 我国省份之间的要素流动和边际生产率的差异分析 [J]. 经济研究, 2004 (1): 45-53.

[228] 单豪杰. 中国资本存量 K 的再估算: 1952—2006 年 [J]. 数量经济技术经济研究, 2008 (10): 17-31.

[229] 张军, 吴桂英, 张吉鹏. 中国省际物质资本存量估算: 1952—2000 [J]. 经济研究, 2004 (10): 35-44.

[230] 王德祥, 薛桂芝. 中国城市全要素生产率的测算与分解 (1998—2013) ——基于参数型生产前沿法 [J]. 财经科学, 2016 (09): 42-52.

[231] 杜旻, 刘长全. 集聚效应、人口流动与城市增长 [J]. 人口与经济, 2014 (06): 44-56.

[232] DURANTON G, PUGA D. From Sectoral to Functional Urban Specialisation [J]. Journal of Urban Economics, 2002 (2): 343-370.

[233] 姚枝仲, 周素芳. 劳动力流动与地区差距 [J]. 世界经济, 2003 (04): 35-44.

[234] 许召元, 李善同. 区域间劳动力迁移对地区差距的影响 [J]. 经济学（季刊）, 2009（01）: 53-76.

[235] 张文武, 梁琦. 劳动地理集中、产业空间与地区收入差距 [J]. 经济学（季刊）, 2011（02）: 691-708.

[236] 彭国华. 技术能力匹配、劳动力流动与中国地区差距 [J]. 经济研究, 2015（01）: 99-110.

[237] HALL R E, JONES C I. Why Do some Countries Produce so Much More Output Per Worker than Others [J]. Quarterly Journal of Economics, 1999（1）: 83-116.

[238] 梁文泉. 不安居, 则不消费: 为什么排斥外来人口不利于提高本地人口的收入? [J]. 管理世界, 2018（01）: 78-87.